Amo como o Amor Ama
Escritos de Amor de Fernando Pessoa

org. Mariana Gray de Castro

London
Jetstone
2018

Título: *Amo como o Amor Ama:*
Escritos de Amor de Fernando Pessoa
org. Mariana Gray de Castro

Primeira edição Lisboa, Divina Comédia
(Terreiro do Paço Editores), 2013

Prefácio: Vasco Graça Moura

Imagem de Capa: Mark Cousins

ISBN 9781910858127

Índice

Prefácio

Vasco Graça Moura

Com esta antologia, estruturada sobre o princípio de "tema e variações", o leitor é convidado a uma experiência que tem o seu quê de desconcertante: percorre inúmeros poemas e fragmentos de Fernando Pessoa ele mesmo e dos seus heterónimos em que o amor é abordado pode dizer-se que em todos os registos imagináveis, do mais lírico ao mais sarcástico, do mais emocionalmente controlado ao mais aparentemente desordenado.

Para além da própria ironia do propósito antologiador a entrelaçar-se com a ironia intrínseca de muitos dos textos aqui recolhidos, este é um livro diferente na bibliografia pessoana por várias outras razões: não identificando logo a voz que profere cada texto, antes propondo um jogo de adivinhação sobre "quem escreveu o quê", mas deixando a identificação precisa à eventual curiosidade do leitor que a vá pesquisar no final do volume; mudando o corpo e disposição dos caracteres de certas passagens por forma a obter um efeito suplementar de sentido a partir da própria composição gráfica; ordenando poesia e prosa em sequências inesperadas - vemos das suas páginas que o Fernando Pessoa que fala do amor não é apenas o das cartas a Ofélia ou de certas odes de timbre horaciano a Lídia ou Neera, mas uma personalidade literária ainda mais fragmentada e complexa do que se poderia imaginar.

Amo como o amor ama... Dizia Santo Agostinho que *anima est ubi amat non ubi animat*. Isto também se passará, creio, com a "alma" desta antologia pessoana tão invulgar e, a muitos títulos, tão interessante e tão útil, na medida em que essa "alma" se revela lá onde dá expressão ao amor e não onde dá vida ao poema nas outras ramificações e desenvolvimentos que porvent-

5

ura percorra.

Afinal, o pensamento de Pessoa não se debruçou apenas sobre o fenómeno literário e os escritores, a sociedade e o esoterismo, a política e o quotidiano, a estética e a astrologia e tantas coisas mais... Esta antologia vem mostrar que a temática do amor constituía para ele uma outra modalidade de "monólogo dramático" intermitente, emergindo aqui e ali, mas com grande frequência e versatilidade, ao longo de toda a sua obra.

Introdução

Mariana Gray de Castro

Quase todas as antologias de Fernando Pessoa são divididas pelos vários heterónimos (Alberto Caeiro, Álvaro de Campos, Ricardo Reis), semi-heterónimos (Bernardo Soares), e outras vozes dramáticas do Poeta, incluindo a sua própria de poeta ortónimo. Ou então são divididas por género (cartas, poesia, prosa), ou por ficção e não-ficção.

Mas o que é realidade, e o que é fingimento em Fernando Pessoa? Óscar Wilde, escritor inglês que o Poeta admirou, dizia que quando colocamos uma máscara é que dizemos a verdade. Serão os escritos dos heterónimos mais ou menos sinceros que aqueles assinados por Pessoa com o seu próprio nome?

Será uma carta de amor a Ofélia Queirós, a sua única namorada, mais franca ou sincera que um poema de Ricardo Reis? E se essa carta for assinada pelo heterónimo Álvaro de Campos? Ofélia relata que a primeira vez que Pessoa se declarou a ela, fê-lo com as palavras que Hamlet, na célebre peça de Shakespeare, dirigiu à sua Ofélia. Estaremos, nestas cartas de Pessoa, no mundo real de uma relação amorosa (que realmente aconteceu), ou no teatro fingido dessa mesma relação?

Tudo, em Pessoa, é ao mesmo tempo verdade e ficção. A sua arte e a sua vida são de impossível separação. O Poeta acreditava que William Shakespeare, o seu maior ídolo literário, não era mais verdadeiramente ele próprio do que Hamlet, Iago, ou até Lady Macbeth. Shakespeare era, para Pessoa, o conjunto de tudo aquilo que escreveu, em nome de todas as diferentes personagens que inventou. O mesmo se aplica ao seu próprio caso, e é por isso que esta antologia é diferente. É organizada à volta de um tema, o amor em Pessoa, real ou imaginário, em vez de pelas linhas habituais.

O amor sempre interessou a toda a gente, em toda a

parte, e os grandes poetas não são exceção. Pessoa escreveu sobre o amor em poemas, em cartas, no *Livro do Desassossego*, e em frases soltas. Escreveu sobre o amor com sentimentalismo e com ironia, com otimismo e com pessimismo, com alegria e com sofrimento, com seriedade e a brincar. Escreveu sobre o amor antigo, o amor moderno, o amor perdido, o amor eterno, o amor romântico, o amor filial, o amor à pátria, o amor conjugal, e o amor carnal.

Amo como o Amor Ama: Escritos de Amor de Fernando Pessoa está organizado em cinco secções, todas elas encabeçadas por uma epígrafe do Poeta sobre um dos vários tipos de amor: "O amor é uma amostra mortal de imortalidade", "Eu gosto tanto de ti que tenho vergonha de mim", "Uma aventura amorosa vale uma inquietude astral", "Não o amor, mas os arredores é que vale a pena...", e "Todas as casadas do mundo são mal casadas". Os textos nelas reunidos são fragmentos de cartas, poemas inteiros e trechos de poemas, passagens do *Livro do Desassossego*, frases soltas e exertos da prosa. Não fazem distinções entre os heterónimos e o ortónimo, entre as cartas e a prosa criativa, entre a ficção e a não-ficção, entre a obra editada em vida e aquela deixada por publicar. Tais contextos não foram desconsiderados, mas foram remetidos para as notas finais.

Abordados desta forma descontextualizada, os escritos selecionados de Pessoa sobre o amor podem ser melhor apreciados, a longos ou breves tragos, pelo que são: a visão de um poeta múltiplo manifestando-se sobre um dos maiores temas da arte e da vida. Fernando Pessoa ama como o amor ama, pelo menos no papel: de todas as formas possíveis e imaginárias. Tudo nas páginas que se seguem é Fernando Pessoa, e tudo isto é também o amor.

O amor é uma amostra mortal de imortalidade

Amor

não se conjuga no passado,

ou se ama para sempre

ou nunca se amou verdadeiramente.

Não queiras, Lídia, edificar no espaço
Que figuras futuro, ou prometer-te
Amanhã. Cumpre-te hoje, não esperando.

Tu mesma és a vida.

Não te destines, que não és futura.
Quem sabe se, entre a taça que esvazias,
E ela de novo enchida, não te a sorte
Interpõe o abismo?

Está alta no céu a lua e é primavera
Penso em ti e dentro de mim estou completo.

Corre pelos vagos campos até mim uma brisa ligeira.
Penso em ti, murmuro o teu nome; não sou eu: sou feliz.

Amanhã virás, andarás comigo a colher flores pelos campos
E eu andarei contigo pelos campos ver-te colher flores.

Eu já te vejo amanhã a colher flores comigo pelos campos,
Mas quando vieres amanhã
               e andares comigo realmente a colher flores,

Isso será uma alegria e uma novidade para mim.

No terraço antigo do palácio,
alçado sobre o mar,
meditaremos em silêncio a diferença entre nós.

Eu era príncipe
e tu princesa,
no terraço à beira do mar.

O nosso amor
nascera do nosso encontro,
como a beleza se criou
do encontro da Lua com as águas.

Compreender

é esquecer de

amar.

Os teus colares de pérolas fingidas amaram comigo as minhas horas melhores. Eram cravos as flores preferidas, talvez porque não significavam requintes. Os teus lábios festejavam sobriamente a ironia do seu próprio sorriso.

Compreendias bem o teu desafio?

Era por o conheceres sem que o compreendesses que o mistério escrito na tristeza dos teus olhos sombreara tanto os teus lábios desistidos. A nossa Pátria estava demasiado longe para rosas. Nas cascatas dos nossos jardins a água era pelúcida de silêncios.

Amo como o amor ama.
Não sei razão pra amar-te mais que amar-te.
Que queres que te diga mais que te amo,
Se o que quero dizer-te é que te amo?
Não procures no meu coração...

Quando te falo, dói-me que respondas
Ao que te digo e não ao meu amor.
Quando há amor a gente não conversa:
Ama-se, e fala-se para se sentir.
Posso ouvir-te dizer-me que tu me amas,
Sem que mo digas, se eu sentir que me amas.
Mas tu dizes palavras com sentido,
E esqueces-te de mim; mesmo que fales
Só de mim, não te lembras que eu te amo.
Ah, não perguntes nada, antes me fala
De tal maneira, que, se eu fora surda,
Te ouvisse toda com o coração.

Se te vejo não sei quem sou; eu amo.
Se me faltas [...]

Mas tu fazes, amor, por me faltares
Mesmo estando comigo, pois perguntas
Quando deves amar-me. Se não amas,
Mostra-te indiferente, ou não me queiras,
Mas tu és como nunca ninguém foi,
Pois procuras o amor pra não amar,
E, se me buscas, é como se eu só fosse
O Alguém pra te falar de quem tu amas.
Diz-me porque é que o amor te faz ser triste?
Canso-te? Posso eu cansar-te se amas?
Ninguém no mundo amou como tu amas.
Sinto que me amas, mas que a nada amas,
E não sei compreender isto que sinto.
Dize-me qualquer palavra mais sentida
Que essas palavras que, como se as perderas, buscas

E encontras cinzas.

Quando te vi, amei-te já muito antes.
Tornei a achar-te quando te encontrei.
Nasci pra ti antes de haver o mundo.
Não há coisa feliz ou hora alegre
Que eu tenha tido pela vida fora,
Que não o fosse porque te previa,
Porque dormias nela tu futuro,
E com essas alegrias e esse prazer
Eu viria depois a amar-te. Quando,
Criança, eu, se brincava a ter marido,
Me faltava crescer e o não sentia,
O que me satisfazia eras já tu,
E eu soube-o só depois, quando te vi,
E tive para mim melhor sentido,
E o meu passado foi como uma estrada
Iluminada pela frente, quando
O carro com lanternas vira a curva
Do caminho e já a noite é toda humana.

Tens um segredo? Dize-mo, que eu sei tudo
De ti, quando m'o digas com a alma.
Em palavras estranhas que m'o fales,
Eu compreenderei só porque te amo.
Se o teu segredo é triste, eu saberei
Chorar contigo até que o esqueças todo.
Se o não podes dizer, dize que me amas,
E eu sentirei sem qu'rer o teu segredo.

Quando eu era pequena, sinto que eu
Amava-te já hoje, mas de longe,
Como as coisas se podem ver de longe,
E ser-se feliz só por se pensar
Em chegar onde ainda se não chega.

Amor,
       diz qualquer coisa que eu te sinta!

Viver
é pertencer a outrém.

Morrer
é pertencer a outrém.

Viver e morrer
são a mesma coisa.

Os mortos! Que prodigiosamente
E com que horrível reminiscência
Vivem na nossa recordação deles!

A minha velha tia na sua antiga casa, no campo
Onde eu era feliz e tranquilo e a criança que eu era...
Penso nisso e uma saudade toda raiva repassa-me...
E, além disso, penso, ela já morreu há anos...
Tudo isto, vendo bem, é misterioso como um lusco-
    fusco...

Penso, e todo o enigma do universo repassa-me.
Revejo aquilo na imaginação com tal realidade
Que depois, quando penso que aquilo acabou
E que ela está morta,
Encaro com o mistério mais palidamente
Vejo-o mais escuro, mais impiedoso, mais longínquo
E nem choro, de atento que estou ao terror da vida...

Quando puderes dizer o teu

grande amor,

deixa o teu

grande amor

de ser
grande.

Intervalo

Quem te disse ao ouvido esse segredo
Que raras deusas têm escutado —
Aquele amor cheio de crença e medo
Que é verdadeiro só se é segredado?...
    Quem to disse tão cedo?

Não fui eu, que te não ousei dizê-lo.
Não foi um outro, porque o não sabia.
Mas quem roçou da testa teu cabelo
E te disse ao ouvido o que sentia?
    Seria alguém, seria?

Ou foi só que o sonhaste e eu te o sonhei?
Foi só qualquer ciúme meu de ti
Que o supôs dito, porque o não direi,
Que o supôs feito, porque o só fingi
    Em sonhos que nem sei?

Seja o que for, quem foi que levemente,
A teu ouvido vagamente atento,
Te falou desse amor em mim presente
Mas que não passa do meu pensamento
    Que anseia e que não sente?

Foi um desejo que, sem corpo ou boca,
A teus ouvidos de eu sonhar-te disse
A frase eterna, imerecida e louca —
A que as deusas esperam da ledice
    Com que o Olimpo se apouca.

A criança que ri na rua,
A música que vem no acaso,
A tela absurda,
                a estátua nua,
A bondade que não tem prazo —

Tudo isso excede este rigor
Que o raciocínio dá a tudo,
E tem qualquer coisa de amor,
    Ainda que o amor seja mudo.

À minha querida mamã

Ó terras de **Portugal**
Ó terras onde eu nasci

Por muito que goste delas
Inda gosto mais de ti.

Tenho frio de mais.
Estou tão cansado no meu abandono.

Vai buscar, ó Vento, a minha Mãe.

Leva-me na Noite para a casa que não conheci...
Torna a dar-me, ó Silêncio imenso,
a minha ama e o meu berço

e a minha canção com que eu dormia...

Avé-Maria

À minha mãe

Avé Maria, tão pura,
Virgem nunca maculada
Ouvide a prece tirada
No meu peito da amargura.

Vós que sois *cheia de graça*
Escutai minha oração,
Conduzi-me pela mão
Por esta vida que passa.

O Senhor, que é vosso filho
Que seja sempre connosco,
Assim como *é convosco*
Eternamente o seu brilho.

Bendita sois vós, Maria,
Entre as mulheres da terra
E voss'alma só encerra
Doce imagem d'alegria.

Mais radiante do que a luz
E bendito, oh Santa Mãe
É o fruto que provém
Do vosso ventre, Jesus!

Ditosa *Santa Maria,*
Vós que sois a *Mãe de Deus*
E que morais lá nos céus
Orai por nós cada dia.

Rogai por nós, pecadores,
Ao vosso filho, Jesus,
Que por nós morreu na cruz
E que sofreu tantas dores.

Rogai, *agora,* oh mãe querida
E (quando quiser a sorte)
Na hora da nossa morte
Quando nos fugir a vida.

Avé Maria, tão pura,
Virgem nunca maculada,
Ouvide a prece tirada
No meu peito da amargura.

Hoje, falho de ti, sou dois a sós.
Há almas pares, as que conheceram
Onde os seres são almas.

Como éramos só um, falando! Nós
Éramos como um diálogo numa alma.
Não sei se dormes [...] calma
Sei que, falho de ti, estou um a sós.

É como se esperasse eternamente
A tua vida certa e combinada
Aí em baixo, no Café Arcada —
Quase no extremo deste Continente;

Aí onde escreveste aqueles versos
Do trapézio, do não-sei - sei eu
Aquilo tudo que dizes no "Orpheu"

Ah, meu maior amigo, nunca mais
Na paisagem sepulta desta vida
Encontrarei uma alma tão querida
Às coisas que em meu ser são as reais.

Não mais, não mais, e desde que saíste
Desta prisão fechada que é o mundo,
Meu coração é inerte e infecundo
E o que sou é um sonho que está triste.

Porque há em nós, por mais que consigamos
Ser nós mesmos a sós sem nostalgia,
Um desejo de termos companhia —
        O amigo enorme que a falar amamos.

Quanto

amei

ou

deixei de amar

é a mesma

saudade

em mim.

Mário de Sá-Carneiro (1890-1916)

Atque in perpetuum, frater, ave atque vale!
CAT.

Morre jovem o que os Deuses amam, é um preceito da sabedoria antiga. E por certo a imaginação, que figura novos mundos, e a arte, que em obras os finge, são os sinais notáveis desse amor divino. Não concedem os Deuses esses dons para que sejamos felizes, senão para que sejamos seus pares. Quem ama, ama só a igual, porque o faz igual com amá-lo. Como porém o homem não pode ser igual dos Deuses, pois o Destino os separou, não corre homem nem se alteia deus pelo amor divino; estagna só deus fingido, doente da sua ficção.

Não morrem jovens todos a que os Deuses amam, senão entendendo-se por morte o acabamento do que constitui a vida. E como à vida, além da mesma vida, a constitui o instinto natural com que se a vive, os Deuses, aos que amam, matam jovens ou na vida, ou no instinto natural com que vivê-la. Uns morrem; aos outros, tirado o instinto com que vivam, pesa a vida como morte, vivem morte, morrem a vida em ela mesma. E é na juventude, quando neles desabrocha a flor fatal e única, que começam a sua morte vivida.

No herói, no santo e no génio os Deuses se lembram dos homens. O herói é um homem como todos, a quem coube por sorte o auxílio divino; não está nele a luz que lhe estreia a fronte, sol da glória ou luar da morte, e lhe separa o rosto dos de seus pares. O santo é um homem bom a que os Deuses, por misericórdia, cegaram, para que não sofresse; cego, pode crer no bem, em si, e em deuses melhores, pois não vê, na alma que cuida própria e nas coisas incertas que o cercam, a operação irremediável do capricho dos Deuses, o jugo superior do Destino. Os Deuses são amigos do herói, compadecem-se do santo; só ao génio, porém, é que verdadeiramente amam. Mas o amor dos Deuses, como por destino não é humano, revela-se em aquilo em que humanamente se não revelara amor. Se só ao génio, amando-o, tornam seu igual, só ao génio dão, sem que queiram, a maldição fatal do abraço de fogo com que tal o afagam. Se a quem deram a beleza, só seu atributo, castigam com a consciência da mortalidade dela; se a quem deram a ciência, seu atributo também, punem com o conhecimento do que nela há de eterna limitação; que angústias não farão pesar sobre aqueles, génios do pensamento ou da arte, a quem, tornando-os criadores, deram a sua mesma essência? Assim ao génio caberá, além da dor da morte da beleza alheia, e da mágoa de conhecer a universal ignorância, o sofrimento próprio, de se sentir par dos Deuses sendo homem, par dos homens sendo deus, êxul ao mesmo tempo em duas terras.

Génio na arte, não teve Sá-Carneiro nem alegria nem felicidade nesta vida. Só a arte, que fez ou que sentiu, por instantes o turbou de consolação. São assim os que os Deuses fadaram seus. Nem o amor os quer, nem a esperança os busca, nem a glória os acolhe. Ou morrem jovens, ou a si mesmos sobrevivem, íncolas da incompreensão ou da indiferença. Este morreu jovem, porque os Deuses lhe tiveram muito amor.

Mas para Sá-Carneiro, génio não só da arte mas da inovação nela, juntou-se, à indiferença que circunda os génios, o escárnio que persegue os inovadores, profetas, como Cassandra, de verdades que todos têm por mentira. *In qua scribebat, barbara terrafuit.* Mas, se a terra fora outra, não variara o destino. Hoje, mais que em outro tempo, qualquer privilégio é um castigo. Hoje, mais que nunca, se sofre a própria grandeza. As plebes de todas as classes cobrem, como uma maré morta, as ruínas do que foi grande e os alicerces desertos do que poderia sê-lo. O circo, mais que em Roma que morria, é hoje a vida de todos; porém alargou os seus muros até os confins da terra. A glória é dos gladiadores e dos mimos. Decide supremo qualquer soldado bárbaro, que a guarda impôs imperador. Nada nasce de grande que não nasça maldito, nem cresce de nobre que se não definhe, crescendo. Se assim é, assim seja! Os Deuses o quiseram assim.

Sá Carneiro

Nesse número do Orpheu *que há-de ser feito*
Com rosas e estrelas em um mundo novo.

Nunca supus que isto que chamam morte
Tivesse qualquer espécie de sentido...
Cada um de nós, aqui aparecido,
Onde manda a lei e a falsa sorte,

Tem só uma demora de passagem
Entre um comboio e outro, entroncamento
Chamado o mundo, ou a vida, ou o momento;
Mas, seja como for, segue a viagem.

Passei, embora num comboio expresso
Seguisses, e adiante do em que vou;
No términus de tudo, ao fim lá estou
Nessa ida que afinal é um regresso.

Porque na enorme gare onde Deus manda
Grandes acolhimentos se darão
Para cada prolixo coração
Que com seu próprio ser vive em demanda.

Penso em ti no silêncio da noite, quando tudo é nada,
E os ruídos que há no silêncio são o próprio silêncio,
Então, sozinho de mim, passageiro parado
De uma viagem em Deus, inutilmente penso em ti.

Todo o passado, em que foste um momento eterno
É como este silêncio de tudo.
Todo o perdido, em que foste o que mais perdi,
É como estes ruídos,
Todo o inútil, em que foste o que não houvera de ser
É como o nada por ser neste silêncio noturno.

Tenho visto morrer, ou ouvido que morrem,
Quantos amei ou conheci,
Tenho visto não saber mais nada deles de tantos que
    foram
Comigo, e pouco importa se foi um homem ou uma
    conversa;
Ou um [...] assustado e mudo,
E o mundo hoje para mim é um cemitério de noite
Branco e negro de campas e [...] e de luar alheio
E é neste sossego absurdo de mim e de tudo que
                                    penso em ti.

34

Conheci o meu mestre Caeiro em circunstâncias excepcionais — como todas as circunstâncias da vida, e sobretudo as que, não sendo nada em si mesmas, hão-de vir a ser tudo nos resultados.

Deixei em quase três quartos o meu curso escocês de engenharia naval; parti numa viagem ao Oriente; no regresso, desembarcando em Marselha, e sentindo um grande tédio de seguir, vim por terra até Lisboa. Um primo meu levou-me um dia de passeio ao Ribatejo; conhecia um primo de Caeiro, e tinha com ele negócios; encontrei-me com o que havia de ser meu mestre em casa desse primo. Não há mais que contar, porque isto é pequeno, como toda a fecundação.

Vejo ainda, com claridade da alma, que as lágrimas da lembrança não empanam, porque a visão não é externa... Vejo-o diante de mim, vê-lo-ei talvez eternamente como primeiro o vi. Primeiro, os olhos azuis de criança que não têm medo; depois, os malares já um pouco salientes, a cor um pouco pálida, e o estranho ar grego, que vinha de dentro e era uma calma, e não de fora, porque não era expressão nem feições. O cabelo, quase abundante, era louro, mas, se faltava luz, acastanhava-se. A estatura era média, tendendo para mais alta, mas curvada, sem ombros altos. O gesto era branco, o sorriso era como era, a voz era igual, lançada num tom de quem não procura senão dizer o que está dizendo — nem alta, nem baixa, clara, livre de intenções, de hesitações, de timidezes. O olhar azul não sabia deixar de fitar. Se a nossa observação estranhava qualquer coisa, encontrava-a: a testa, sem ser alta, era poderosamente branca. Repito: era pela sua brancura, que parecia maior que a da cara pálida, que tinha majestade. As mãos um pouco delgadas, mas não muito; a palma era larga. A expressão da boca, a última coisa em que se reparava — como se falar fosse, para este homem, menos que existir — era a de um sorriso como o que se atribui em verso às coisas inanimadas belas, só porque nos agradam — flores, campos largos, águas com sol — um sorriso de existir, e não de nos falar.

Meu mestre, meu mestre, perdido tão cedo! Revejo-o na sombra que sou em mim, na memória que conservo do que sou de morto...

[...] Nunca vi triste o meu mestre Caeiro. Não sei se estava triste quando morreu, ou nos dias antes. Seria possível sabê-lo, mas a verdade é que nunca ousei perguntar aos que assistiram à morte qualquer coisa da morte ou de como ele a teve.

Em todo o caso, foi uma das angústias da minha vida — das angústias reais em meio de tantas que têm sido fictícias — que Caeiro morresse sem eu estar ao pé dele. Isto é estúpido mas humano, e é assim.

Eu estava em Inglaterra. O próprio Ricardo Reis não estava em Lisboa; estava de volta no Brasil. Estava o Fernando Pessoa, mas é como se não estivesse. O Fernando Pessoa sente as coisas mas não se mexe, nem mesmo por dentro.

Nada me consola de não ter estado em Lisboa nesse dia, a não ser aquela consolação que pensar no meu mestre Caeiro espontaneamente me dá. Ninguém é inconsolável ao pé da memória de Caeiro, ou dos seus versos; e a própria ideia do nada — a mais pavorosa de todas se se pensa com a sensibilidade — tem, na obra e na recordação do meu mestre querido, qualquer coisa de luminoso e de alto, como o sol sobre as neves dos píncaros inatingíveis.

Mestre, meu mestre querido!
Coração do meu corpo intelectual e inteiro!
Vida da origem da minha imaginação!
Mestre, que é feito de ti nesta forma de vida?

Não cuidaste se morrerias, se viverias, nem de ti nem
    de nada,
Alma abstrata e visual até aos ossos,
Atenção maravilhosa ao mundo exterior sempre
    múltiplo,
Refúgio das saudades de todos os deuses antigos,
Espírito humano da terra materna,
Flor acima do dilúvio da inteligência subjectiva...

Mestre, meu mestre!
Na angústia sensacionista de todos os dias sentidos,
Na mágoa quotidiana das matemáticas do ser,
Eu, escravo de tudo como um pó de todos os ventos,
Ergo as mãos para ti, que estás longe, tão longe de
    mim!

Meu mestre e meu guia!
A quem nenhuma coisa feriu, nem doeu, nem
    perturbou,
Seguro como um sol fazendo o seu dia
    involuntariamente,
Natural como um dia mostrando tudo,
Meu mestre, meu coração não aprendeu a tua
    serenidade.
                Meu coração não aprendeu nada.
                Meu coração não é nada.
                Meu coração está perdido.

Podemos

morrer

se apenas

amámos.

Vem sentar-te comigo, Lídia, à beira do rio.
Sossegadamente fitemos o seu curso e aprendamos
Que a vida passa, e não estamos de mãos enlaçadas.
    (Enlacemos as mãos).

Depois pensemos, crianças adultas, que a vida
Passa e não fica, nada deixa e nunca regressa,
Vai para um mar muito longe, para ao pé do Fado,
    Mais longe que os deuses.

Desenlacemos as mãos, porque não vale a pena cansarmo-nos.
Quer gozemos, quer não gozemos, passamos como o rio.
Mais vale saber passar silenciosamente
    E sem desassossegos grandes.

Sem amores, nem ódios, nem paixões que levantam a voz,
Nem invejas que dão movimento demais aos olhos,
Nem cuidados, porque se os tivesse o rio sempre correria,
    E sempre iria ter ao mar.

Amemo-nos tranquilamente, pensando que podíamos,
Se quiséssemos, trocar beijos e abraços e carícias,
Mas que mais vale estarmos sentados ao pé um do outro
    Ouvindo correr o rio e vendo-o.

Colhamos flores, pega tu nelas e deixa-as
No colo, e que o seu perfume suavize o momento —
Este momento em que sossegadamente não cremos em nada,
    Pagãos inocentes da decadência.

Ao menos, se for sombra antes, lembrar-te-ás de mim depois
Sem que a minha lembrança te arda ou te fira ou te mova,
Porque nunca enlaçamos as mãos, nem nos beijamos
    Nem fomos mais do que crianças.

E se antes do que eu levares o óbolo ao barqueiro sombrio,
Eu nada terei que sofrer ao lembrar-me de ti.
Ser-me-ás suave à memória lembrando-te assim — à beira-rio,
    Pagã triste e com flores no regaço.

Eu gosto tanto de ti que tenho vergonha de mim

O amor é uma companhia.

    Já não sei andar só pelos caminhos,
    Porque já não posso andar só.
Um pensamento visível faz-me andar mais depressa
E ver menos,
    e ao mesmo tempo gostar bem de ir vendo tudo.

Mesmo a ausência dela é uma coisa que está comigo.

E eu gosto tanto dela que não sei como a desejar.

Se a não vejo, imagino-a e sou forte como as árvores
    altas.
Mas se a vejo tremo,
    não sei o que é feito do que sinto na ausência dela.

Todo eu sou qualquer força que me abandona.

Toda a realidade olha para mim como um girassol
    com a cara dela no meio.

Farei do sonhar-te o ser poeta,
e a minha prosa, quando fale a tua Beleza,
terá melodias de poema,
     curvas de estrofes,
     esplendores súbitos
     como os dos versos imortais.

A minha beleza faz os homens sonâmbulos, e o encanto da minha voz distrai-os de sonhar. As suas preferidas odeiam-me sem saber se existo, porque entre as palavras vagas dos seus discursos amorosos, a minha imagem embarga as frases e elas sentem-me passar, como um canto de sereia, nos esquecimentos da voz, e nos abrandamentos dos braços e das mãos, que cingem ou que apertam. Sou o perfume que, uma vez sonhado, lhes faz aura à imaginação, e não poderão ter esposa, nem noiva, nem até irmã a que acarinhem, porque se lembram de que eu sou a princesa que um dia lhes foi toda a vida.

Os meus passos vão leves sobre as relvas, como se fossem memórias. Nos gestos que faço com os braços há um sorriso da minha boca triste. Os meus olhos não conhecem uma promessa certa, e quando são baixos e só os cílios vivem, os corações anseiam com uma grande tortura.

Dizem que sou a maravilha, mas eu não sei quem sou. Habita em mim um fluido de desastres que cai sobre as épocas futuras como uma chuva que é nevoeiro.

Morreriam milhares só por beijar minhas mãos. Milhares deixariam seus lares só por ouvir a própria voz chamar-me a mim princesa. Pelo meu desprezo visível trocariam muitos todos os amores que lhes foram dados, e até aqueles que desejariam. Sou fatal como as noites e os outonos, e no meu coração há já uma saudade de todos quantos matarei.

Os escravos rastejam com os olhos quando mal me podem olhar. Passo entre as alas dos soldados e sinto-os que tremem como folhas ao vento. Levarão saudades desse momento como de uma grande maldição, e acordarão nas grandes noites de estio, quando o suor entra na alma, pávidos da memória sinistra que vive do meu perfil entrevisto, dos meus olhos desviados, do recorte das minhas sobrancelhas muito negras contra a pele morena muito branca da minha fronte coroada de sombras.

As escravas invejam-me com amor, e cada uma sonha, a sós com o leito sem outro peito, em como haveriam seus olhos de fazer amar os cães, e seus gestos de fazer relinchar os cavalos, nas grandes noites em que a virgindade se sente nas entranhas.

Os gatos roçam-se contra as minhas pernas e sentem-se tigres até ao sexo. As aves cantantes calam-se quando passo, e as rosas altas roçam pela minha face porque eu tenho o privilégio dos caminhos.

Olho para ti,
dentro de mim,
noiva suposta,

e já nos desavimos antes de existires.

Passávamos, jovens ainda, sob as árvores altas e o vago sussurro da floresta. Nas clareiras, subitamente surgidas do acaso do caminho, o luar fazia-as lagos e as margens, emaranhadas de ramos, eram mais noite que a mesma noite. A brisa vaga dos grandes bosques respirava com som entre o arvoredo. Falávamos das coisas impossíveis; e as nossas vozes eram parte da noite, do luar e da floresta.

Ouvíamo-las como se fossem de outros.

Quando eu não te tinha
Amava a Natureza como um monge calmo a Cristo...

Agora amo a Natureza
Como um monge calmo à Virgem Maria,
Religiosamente, a meu modo, como dantes,
Mas de outra maneira mais comovida e próxima.

Vejo melhor os rios quando vou contigo
Pelos campos até à beira dos rios;

Sentado a teu lado reparando nas nuvens
Reparo nelas melhor...
Tu não me tiraste a Natureza...
Tu não me mudaste a Natureza...

Trouxeste-me a Natureza para ao pé de mim.
Por tu existires vejo-a melhor, mas a mesma,
Por tu me amares, amo-a do mesmo modo, mas mais,
Por tu me escolheres para te ter e te amar,
Os meus olhos fitaram-na mais demoradamente
Sobre todas as coisas.

Não me arrependo do que fui outrora
Porque ainda o sou.
Só me arrependo de outrora te não ter amado.

Caminhávamos,
juntos e separados,
entre os desvios bruscos da floresta.

Nossos passos,
que era o alheio de nós,
iam unidos,
porque uníssonos,
na macieza estalante das folhas, que juncavam,
amarelas e meio-verdes, a irregularidade do chão.

"O amor, que me têm",
                    ela disse,
"não tem paixão, que consuma;
        ciúme,
        que desvaire; esquecimento, que deslustre.

Amar-me é como uma noite de verão,
quando os mendigos dormem ao relento,
e parecem pedras à beira dos caminhos.

Dos meus lábios mudos não vem canto como o das
                                        sereias,
nem melodia como a das árvores e das fontes;
mas o meu silêncio acolhe como uma música indecisa,
o meu sossego afaga como o torpor de uma brisa."

Vem ao meu carinho, que não sofre mudança; ao meu amor, que não tem cessação! Bebe da minha taça, que não se esgota, o néctar supremo que não enjoa nem amarga, que não desgosta nem inebria. Contempla, da janela do meu castelo, não o luar e o mar, que são coisas belas e por isso imperfeitas; mas a noite vasta e materna, o esplendor indiviso do abismo profundo!

Nos meus braços esquecerás o próprio caminho doloroso que te trouxe a eles. Contra o meu seio não sentirás mais o próprio amor que fez com que o buscasses! Senta-te ao meu lado, no meu trono, e és para sempre o imperador indestronável do Mistério e do Graal, coexistes com os deuses e com os destinos, em não seres nada, em não teres aquém e além, em não precisares nem do que te sobre, nem do que te falte, nem sequer mesmo do que te baste.

Serei a tua esposa materna, tua irmã gémea encontrada. E casadas comigo todas as tuas angústias, reservado a mim tudo o que em ti procuravas e não tinhas, tu próprio te perderás em minha substância mística, na minha existência negada, no meu seio onde as coisas se apagam, no meu seio onde as almas se abismam, no meu seio onde os deuses se desvanecem.

Agora
    que sinto amor
    Tenho interesse no que cheira.

Nunca antes
    me interessou
    que uma flor tivesse cheiro.

Passeávamos às vezes, braço dado, sob os cedros e as olaias e nenhum de nós pensava em viver. A nossa carne era-nos um perfume vago e a nossa vida um eco de som de fonte. Dávamo-nos as mãos e os nossos olhares perguntavam-se o que seria o ser sensual e o querer realizar em carne a ilusão do amor...

No nosso jardim havia flores de todas as belezas... — rosas de contornos enrolados, lírios de um branco amarelecendo-se, papoilas que seriam ocultas se o seu rubro lhes não espreitasse presença, violetas pouco na margem tufada dos canteiros, miosótis mínimos, camélias estéreis de perfume... E, pasmados por cima de ervas altas, olhos, os girassóis isolados fitavam-nos grandemente.

A nossa vida era toda a vida... O nosso amor era o perfume do amor... Vivíamos horas impossíveis, cheias de sermos nós... E isto porque sabíamos, com toda a carne da nossa carne, que não éramos uma realidade...

Éramos impessoais, ocos de nós, outra coisa qualquer... Éramos aquela paisagem esfumada em consciência de si própria... E assim como ela era duas — de realidade que era, a ilusão — assim éramos nós obscuramente dois, nenhum de nós sabendo bem se o outro não ele próprio, se o incerto outro viveria...

As tuas mãos são rolas presas.
Os teus lábios são rolas mudas
      (que os meus olhos vêem arrulhar.)

Todos os teus gestos são aves.

És andorinha no abaixares-te,
    condor no olhares-me,
águia nos teus êxtases de orgulhosa indiferente.

Estou-te esperando, em devaneio,
no nosso quarto com duas portas,
e sonho-te vindo

e no meu sonho
entras até mim pela porta da direita;

se, quando entras,
entras pela porta da esquerda,
há já uma diferença entre ti e o meu sonho.

Toda a tragédia humana está neste pequeno exemplo
de como aqueles
com quem pensamos
nunca são aqueles
em quem pensamos.

Junta as mãos,
    põe-as entre as minhas
    e escuta-me,

  ó meu amor.

Fiquei doido, fiquei tonto...
Meus beijos foram sem conto,
Apertei-a contra mim,
Aconcheguei-a em meus braços...
Fiquei tonto e foi assim...

Sua boca sabe a flores,
Bonequinha, meus amores,
Minha boneca que tem
Bracinhos para enlaçar-me,
E tantos beijos p'ra dar-me
Quantos eu lhe dou também.

Ah que tontura e que fogo!
Se estou perto dela, é logo
Uma pressa em meu olhar,
Uma música em minha alma,
Perdida de toda a calma,
E eu sem a querer achar.

Dá-me beijos, dá-me tantos
Que, enleado nos teus encantos,
Preso nos abraços teus,
Eu não sinta a própria vida,
Nem minha alma, ave perdida
No azul-amor dos teus céus.

Não descanso, não projeto
Nada certo, sempre inquieto
Quando te não beijo, amor,
Por te beijar, e se beijo
Por não me encher o desejo
Nem o meu beijo melhor.

Há
    todas
        as
           razões
   boas
para eu
     não
         gostar de ti,

    menos a de eu
       não gostar,

          porque gosto.

Meu Bebé pequeno e rabino:

Cá estou em casa, sozinho, salvo o intelectual que está pondo o papel nas paredes (pudera! havia de ser no teto ou no chão!); e esse não conta. E, conforme prometi, vou escrever ao meu Bebezinho para lhe dizer, pelo menos, que ela é muito má, excepto numa coisa, que é na arte de fingir, em que vejo que é mestra.

Sabes?

Estou-te escrevendo mas *não estou pensando em ti*. Estou pensando nas saudades que tenho do meu tempo da *caça aos pombos*; e isto é uma coisa, como tu sabes, com que tu não tens nada...

Foi agradável hoje o nosso passeio — não foi? Tu estavas bem disposta, e eu estava bem disposto, e o dia estava bem disposto também (O meu amigo, não. A. A. Crosse: está de saúde — uma libra de saúde por enquanto, o bastante para não estar constipado).

Não te admires de a minha letra ser um pouco esquisita. Há para isso duas razões. A primeira é a de este papel (o único acessível agora) ser muito corredio, e a pena passar por ele muito depressa; a segunda é a de eu ter descoberto aqui em casa um vinho do Porto esplêndido, de que abri uma garrafa, de que já bebi metade. A terceira razão é haver só duas razões, e portanto não haver terceira razão nenhuma. (Álvaro de Campos, engenheiro).

Quando nos poderemos nós encontrar a sós em qualquer parte, meu amor? Sinto a boca estranha, sabes, por não ter beijinhos há tanto tempo... Meu Bebé para sentar ao colo! Meu Bebé para dar dentadas! Meu Bebé para...

(e depois o Bebé é mau e bate-me...) "Corpinho de tentação" te chamei eu; e assim continuarás sendo, mas longe de mim.

Bebé, vem cá; vem para o pé do Nininho; vem para os braços do Nininho; põe a tua boquinha contra a boca do Nininho... Vem... Estou tão só, *tão só de beijinhos* ...

Quem me dera ter a certeza de tu teres saudades de mim *a valer*. Ao menos isso era uma consolação... Mas tu, se calhar, pensas menos em mim que no rapaz do gargarejo, e no D. A. F. e no guarda-livros da C. D. & C.! Má, má, má, má, má...!!!!!

Açoites é que tu precisas.

Adeus; vou-me deitar dentro de um balde de cabeça para baixo para descansar o espírito. Assim fazem todos os grandes homens — pelo menos quando têm — 1º espírito, 2º cabeça, 3º balde onde meter a cabeça.
Um beijo só durando todo o tempo que ainda o mundo tem que durar,
       do teu, sempre e muito teu

Fernando (Nininho)

Tu és do sexo das formas sonhadas,
do sexo nulo das figuras [...]

Mero perfil às vezes,
mera atitude outras vezes,
outras gesto lento apenas

- és momentos,
atitudes,
espiritualizadas em minhas.

Bebezinho do Nininho-ninho

Oh!

Venho só quevê pâ dizê ó Bebezinho que gotei da
catinha dela.

Oh!

E também tive munta pena de não tá ó pé do Bebé pâ
le dá jinhos.

Oh! O Nininho é pequinininho!

Hoje o Nininho não vai a Belém porque, como não
sabia s'havia carros, combinei tá aqui às seis o'as.
Amanhã, a não sê qu'o Nininho não possa é que sai
daqui pelas cinco e meia (isto é a *meia*[1] das cinco e
meia).
Amanhã o Bebé espera pelo Nininho, sim? Em Belém,
sim? Sim?

Jinhos, jinhos e mais jinhos

Fernando

[1] No original há aqui o desenho de uma meia.

Dá-me sonhos teus

para eu brincar.

Exma. Senhora D. Ofélia Queirós:

Um abjeto e miserável indivíduo chamado Fernando Pessoa, meu particular e querido amigo, encarregou-me de comunicar a V. Ex.ª — considerando que o estado mental dele o impede de comunicar qualquer coisa, mesmo a uma ervilha seca (exemplo da obediência e da disciplina) — que V. Ex. ª está proibida de:

(1) pesar menos gramas,
(2) comer pouco,
(3) não dormir nada,
(4) ter febre,
(5) pensar no indivíduo em questão.

Pela minha parte, e como íntimo e sincero amigo que sou do meliante de cuja comunicação (com sacrifício) me encarrego, aconselho V. Ex.ª a pegar na imagem mental, que acaso tenha formado do indivíduo cuja citação está estragando este papel razoavelmente branco, e deitar essa imagem mental na pia, por ser materialmente impossível dar esse justo Destino à entidade fingidamente humana a quem ele competiria, se houvesse justiça no mundo.

Cumprimenta V. Ex. ª

Álvaro de Campos
Eng. Naval

Terrível Bebé:

Gosto das suas cartas, que são meiguinhas, e também gosto de si, que é meiguinha também. E é bombom, e é vespa, e é mel, que é das abelhas e não das vespas, e tudo está certo, e o Bebé deve escrever-me sempre, mesmo que eu não escreva, que é sempre, e eu estou triste, e sou maluco, e ninguém gosta de mim, e também porque é que havia de gostar, e isso mesmo, e torna tudo ao princípio, e parece-me que ainda lhe telefono hoje, e gostava de lhe dar um beijo na boca, com exactidão e gulodice e comer-lhe a boca e comer os beijinhos que tivesse lá escondidos e encostar-me ao seu ombro e escorregar para a ternura dos pombinhos, e pedir-lhe desculpa, e a desculpa ser a fingir, e tornar muitas vezes, e ponto final até recomeçar, e porque é que a Ofelinha gosta de um meliante e de um cevado e de um javardo e de um indivíduo com ventas de contador de gaz e expressão geral de não estar ali mas na pia da casa ao lado, e exactamente, e enfim, e vou acabar porque estou doido, e estive sempre, e é de nascença, que é como quem diz desde que nasci, e eu gostava que a Bebé fosse uma boneca minha, e eu fazia como uma criança, despia-a, e o papel acaba aqui mesmo, e isto parece impossível ser escrito por um ente humano, mas é escrito por mim

Fernando

Bebé fera:

Peço desculpinha de a arreliar. Partiu-se a corda do automóvel velho que trago na cabeça, e o meu juízo, que já não existia, fez

tr-tr-r-r-r-...

Logo a seguir a telefonar-lhe, estou a escrever-lhe, e naturalmente telefonarei outra vez, se lhe não faz mal aos nervos, e naturalmente será, não a qualquer hora, mas à hora em que lhe telefonarei.

Gosta de mim por mim ser mim ou por não? Ou não gosta mesmo sem mim nem não? Ou então?

Todas estas frases, e maneiras de não dizer nada, são sinais de que o ex-Ibis, o extinto Ibis, o Ibis sem concerto nem gostosamente alheio, vai para o Telhal, ou para Rilhafolles, e lhe é feita uma grande manifestação à magnífica ausência.

Preciso cada vez mais de ir para Cascais — Boca do Inferno mas *com dentes* , cabeça para baixo, e fim, e pronto, e não há mais Ibis nenhum. E assim é que era para esse animal ave esfregar a fisionomia esquisita no chão.

Mas se o Bebé desse um beijinho, o Ibis aguentava a vida um pouco mais. Dá? — Lá está a corda partida -

r-r-r-r-r-r-r-r-r-r-r-r-

a valer

Fernando

Todas as cartas de amor são
Ridículas.
Não seriam cartas de amor se não fossem
Ridículas.

Também escrevi em meu tempo cartas de amor,
Como as outras,
Ridículas.

As cartas de amor, se há amor,
Têm de ser
Ridículas.

Mas, afinal,
Só as criaturas que nunca escreveram
Cartas de amor
É que são
Ridículas.

Quem me dera no tempo em que escrevia
Sem dar por isso
Cartas de amor
Ridículas.

A verdade é que hoje
As minhas memórias
Dessas cartas de amor
É que são
Ridículas.

(Todas as palavras esdrúxulas,
Como os sentimentos esdrúxulos,
São naturalmente
Ridículas).

A timidez

é o mais vulgar
de todos os fenómenos.

O que há de mais vulgar
em todos nós
é termos medo de sermos
ridículos...

Senhor António:

O senhor nunca há-de ver esta carta, nem eu a hei-de ver segunda vez porque estou tuberculosa, mas eu quero escrever-lhe ainda que o senhor o não saiba, porque se não escrevo abafo.

O senhor não sabe quem eu sou, isto é, sabe mas não sabe a valer. Tem-me visto à janela quando o senhor passa para a oficina e eu olho para si, porque o espero a chegar, e sei a hora que o senhor chega. Deve sempre ter pensado sem importância na corcunda do primeiro andar da casa amarela, mas eu não penso senão em si. Sei que o senhor tem uma amante, que é aquela rapariga loura alta e bonita; eu tenho inveja dela mas não tenho ciúmes de si porque não tenho direito a ter nada, nem mesmo ciúmes. Eu gosto de si porque gosto de si, e tenho pena de não ser outra mulher, com outro corpo e outro feitio, e poder ir à rua e falar consigo ainda que o senhor me não desse razão de nada, mas eu estimava conhecê-lo de falar.

O senhor é tudo quanto me tem valido na minha doença e eu estou-lhe agradecida sem que o senhor o saiba. Eu nunca poderia ter ninguém que gostasse de mim como se gosta das pessoas que têm o corpo de que se pode gostar, mas eu tenho o direito de gostar sem que gostem de mim, e também tenho o direito de chorar, que não se negue a ninguém.

Eu gostava de morrer depois de lhe falar a primeira vez mas nunca terei coragem nem maneiras de lhe falar. Gostava que o senhor soubesse que eu gostava muito de si, mas tenho medo que se o senhor soubesse não se importasse nada, e eu tenho pena já de saber que isso é absolutamente certo antes de saber qualquer coisa, que eu mesmo não vou procurar saber.

E sou corcunda desde a nascença e sempre riram de mim. Dizem que todas as corcundas são más, mas eu nunca quis mal a ninguém. Além disso sou doente, e nunca tive alma, por causa da doença, para ter grandes raivas. Tenho dezanove anos e nunca sei para que é que cheguei a ter tanta idade, e doente, e sem ninguém que tivesse pena de mim a não ser por eu ser corcunda, que é o menos, porque é a alma que me dói, e não o corpo, pois a corcunda não faz dor.

Eu até gostava de saber como é a sua vida com a sua amiga, porque como é uma vida que eu nunca posso ter - e agora menos que nem vida tenho - gostava de saber tudo.

Desculpe escrever-lhe tanto sem o conhecer, mas o senhor não vai ler isto, e mesmo que lesse nem sabia que era consigo e não ligava importância em qualquer caso, mas gostaria que pensasse que é triste ser marreca e viver sempre só à janela, e ter mãe e irmãs que gostam da gente mas sem ninguém que goste de nós, porque tudo isso é natural e é a família, e o que faltava é que nem isso houvesse para uma boneca com os ossos às avessas como eu sou, como eu já ouvi dizer.

Houve um dia que o senhor vinha para a oficina e um gato se pegou à pancada com um cão aqui defronte da janela, e todos estivemos a ver, e o senhor parou, ao pé do Manuel das Barbas, na esquina do barbeiro, e depois olhou para mim para a janela, e viu-me a rir e riu também para mim, e essa foi a única vez que o senhor esteve a sós comigo, por assim dizer, que isso nunca poderia eu esperar.

Tantas vezes, o senhor não imagina, andei à espera que houvesse outra coisa qualquer na rua quando o senhor passasse e eu pudesse outra vez ver o senhor a ver e talvez olhasse para mim e eu pudesse olhar para si e ver os seus olhos a direito para os meus.

Mas eu não consigo nada do que quero, nasci já assim, e até tenho que estar em cima de um estrado para poder estar à altura da janela. Passo todo o dia a ver ilustrações e revistas de modas que emprestam à minha mãe, e estou sempre a pensar noutra coisa, tanto que quando me perguntam como era aquela saia ou quem é que estava no retrato onde está a Rainha de Inglaterra, eu às vezes me envergonha de não saber, porque estive a ver coisas que não podem ser e que eu não posso deixar que me entrem na cabeça e me dêem alegria para eu depois ainda por cima ter vontade de chorar.

Depois todos me desculpam, e acham que sou tonta, mas não me julgam parva, porque ninguém julga isso, e eu chego a não ter pena da desculpa, porque assim não tenho que explicar porque é que estive distraída.

Ainda me lembro daquele dia que o senhor passou aqui ao Domingo com o fato azul claro. Não era azul claro, mas era uma sarja muito clara para o azul escuro que costuma ser. O senhor ia que parecia o próprio dia que estava lindo e eu nunca tive tanta inveja de toda a gente como nesse dia. Mas não tive inveja da sua amiga, a não ser que o senhor não fosse ter com ela mas com outra qualquer, porque eu não pensei senão em si, e foi por isso que invejei toda a gente, o que não percebo mas o certo é que é verdade.

Não é por ser corcunda que estou aqui sempre à janela, mas é que ainda por cima tenho uma espécie de reumatismo nas pernas e não me posso mexer, e assim estou como se fosse paralítica, o que é uma maçada para todos cá em casa e eu sinto ter que ser toda a gente a aturar-me e a ter que me aceitar que o senhor não imagina. Eu às vezes dá-me um desespero como se me pudesse atirar da janela abaixo, mas eu que figura teria a cair da janela? Até quem me visse cair ria e a janela é tão baixa que eu nem morreria, mas era ainda mais maçada para os outros, e estou a ver-me na rua como uma macaca, com as pernas à vela e a corcunda a sair pela blusa e toda a gente a querer ter pena mas a ter nojo ao mesmo tempo ou a rir se calhasse, porque a gente é como é não como tinha vontade de ser.

E enfim porque lhe estou eu a escrever se lhe não vou mandar esta carta?

O senhor que anda de um lado para o outro não sabe qual é o peso de a gente não ser ninguém. Eu estou à janela todo o dia e vejo toda a gente passar de um lado para o outro e ter um modo de vida e gozar e falar a esta e àquela, e parece que sou um vaso com uma planta murcha que ficou aqui à janela por tirar de lá.

O senhor não pode imaginar, porque é bonito e tem saúde o que é a gente ter nascido e não ser gente, e ver nos jornais o que as pessoas fazem, e uns são ministros e andam de um lado para o outro a visitar todas as terras, e outros estão na vida da sociedade e casam e têm baptizados e estão doentes e fazem-lhe operações os mesmos médicos, e outros partem para as suas casas aqui e ali, e outros roubam e outros queixam-se, e uns fazem grandes crimes e há artigos assinados por outros e retratos e anúncios com os nomes dos homens que vão comprar as modas ao estrangeiro, e tudo isto o senhor não imagina o que é para quem é um trapo como eu que ficou no parapeito da janela de limpar o sinal redondo dos vasos quando a pintura é fresca por causa da água.

Se o senhor soubesse isto tudo era capaz de de vez em quando me dizer adeus da rua, e eu gostava de se lhe poder pedir isso, porque o senhor não imagina, eu talvez não vivesse mais, que pouco é o que tenho de viver, mas eu ia mais feliz lá para onde se vai se soubesse que o senhor me dava os bons dias por acaso.

A Margarida costureira diz que lhe falou uma vez, que lhe falou torto porque o senhor se meteu com ela na rua aqui ao lado, e essa vez é que eu senti inveja a valer, eu confesso porque não lhe quero mentir, senti inveja porque meter-se alguém connosco é a gente ser mulher, e eu não sou mulher nem homem, porque ninguém acha que eu sou nada a não ser uma espécie de gente que está para aqui a encher o vão da janela e a aborrecer tudo que me vê, valha-me Deus.

O António (é o mesmo nome que o seu, mas que diferença!) o António da oficina de automóveis disse uma vez a meu pai que toda a gente deve produzir qualquer coisa, que sem isso não há direito a viver, que quem não trabalha não come e não há direito a haver quem não trabalhe. E eu pensei que faço eu no mundo, que não faço nada senão estar à janela com toda a gente a mexer-se de um lado para o outro, sem ser paralítica, e tendo maneira de encontrar as pessoas de quem gosta, e depois poderia produzir à vontade o que fosse preciso porque tinha gosto para isso.

Adeus senhor Antonio, eu não tenho senão dias de vida e escrevo esta carta só para a guardar no peito como se fosse uma carta que o senhor me escrevesse em vez de eu a escrever a si. Eu desejo que o senhor tenha todas as felicidades que possa desejar e que nunca saiba de mim para não rir porque eu sei que não posso esperar mais.

Eu amo o senhor com toda a minha alma e toda a minha vida.

Aí tem e estou a chorar.

Maria José

Dois,
    três dias de semelhança de
princípio de amor...

Tudo isto vale para o esteta pelas sensações que lhe causa. Avançar mais seria entrar no domínio onde começa o ciúme, o sofrimento, a excitação. Nesta antecâmara da emoção há toda a suavidade do amor sem a sua profundeza - um gozo leve, portanto, aroma vago de desejos, e, se com isso se perde a grandeza que há na tragédia do amor, repare-se que, para o esteta, as tragédias são coisas interessantes de observar, mas incómodas de sofrer.

   Afinal, isto bem me contentaria se eu conseguisse persuadir-me que esta teoria não é o que é, um complexo barulho que faço aos ouvidos da minha inteligência para ela não perceber que, no fundo, não há senão a minha timidez,
   a minha incompetência para a vida.

Uma aventura amorosa vale uma inquietude astral

Todos os dias agora acordo com alegria e pena.
Antigamente acordava sem
sensação nenhuma;   acordava.

Tenho alegria e pena porque perco o que sonho
E posso estar na realidade onde está o que sonho.

Não sei o que hei de fazer das minhas sensações.
Não sei o que hei de ser comigo.

Quero que ela me diga qualquer coisa
para eu acordar de novo.

Todos têm,
                como eu,

um coração

    exaltado

            e triste.

Não sei se é amor que tens,
    ou amor que finges,
        O que me dás.
        Dás-mo.
        Tanto me basta.

           Já que o não sou por tempo,
           Seja eu jovem por erro.

        Pouco os Deuses nos dão,
    e o pouco é falso.
Porém, se o dão, falso que seja, a dádiva
           É verdadeira. Aceito,
           Cerro olhos: é bastante.

Porque o olhar de quem não merece
O meu amor para outro olhou,
Uma dor fria me enfurece,
Decido odiar quem me insultou.

    Vil dor,
    vil causa
    e vil remédio!

Quanto melhor não fora achar-se
No antigo sem-amor, com tédio,
Mas sem dor de que envergonhar-se!

Amarem,
      foi coisa
      que sempre me pareceu
      impossível,

          como um estranho
          tratar-me por tu.

Duas vezes,
naquela   minha   adolescência   que   sinto
longínqua,

    e que,
    por assim senti-la,
    me parece uma coisa lida,
    um relato íntimo que me fizessem,

    gozei a dor da humilhação de amar.

Do alto de hoje,

    olhando para trás,
    para esse passado,
    que já não sei designar nem como longínquo
    nem como recente,

creio   que   foi   bom   que   essa   experiência de
desilusão me acontecesse tão cedo.

Olha, Daisy, quando eu morrer tu hás-de
Dizer aos meus amigos aí de Londres,
Que embora não o sintas, tu escondes
A grande dor da minha morte. Irás de

Londres pra York, onde nasceste (dizes —
Que eu nada que tu digas acredito...)
Contar àquele pobre rapazito
Que me deu tantas horas tão felizes

(Embora não o saibas) que morri.
Mesmo ele, a quem eu tanto julguei amar,
Nada se importará. Depois vai dar

A notícia a essa estranha Cecily
Que acreditava que eu seria grande...
Raios partam a vida e quem lá ande!...

Quando eu era menino
beijava-me nos espelhos:
era um sinal antecipado de que
nunca haveria de amar.

Tinha por mim,
em adivinha de negação,
a ternura que me
nunca haveria de ser dada.

Amei, e não fui amado, o que só vi no fim,
Porque não se é amado como se nasce mas como
    acontece.
Ela continua tão bonita de cabelo e boca como dantes,
E eu continuo como era dantes, sozinho no campo.
Como se tivesse estado de cabeça baixa,
Penso isto, e fico de cabeça alta
E o dourado sol seca as lágrimas pequenas que não
    posso deixar de ter.

Como o campo é grande e o amor pequeno!
Olho, e esqueço, como o mundo enterra e as árvores se
    despem.

Eu não sei falar porque estou a sentir.
Estou a escutar a minha voz como se fosse de outra
    pessoa,
E a minha voz fala dela como se ela é que falasse.
Tem o cabelo de um louro amarelo de trigo ao sol
    claro,
E a boca quando fala diz coisas que não só as palavras.
Sorri, e os dentes são limpos como pedras do rio.

Ninguém entende ninguém.

Tudo é
       interstício
           e
        acaso,
                mas está tudo certo.

Acaso

No acaso da rua o acaso da rapariga loira.
    Mas não, não é aquela.

A outra era noutra rua, noutra cidade, e eu era outro.

Perco-me subitamente da visão imediata,
Estou outra vez na outra cidade, na outra rua,
    E a outra rapariga passa.

Que grande vantagem o recordar intransigentemente!
Agora tenho pena de nunca mais ter visto a outra rapariga,
E tenho pena de afinal nem sequer ter olhado para esta.

Que grande vantagem trazer a alma virada do avesso!
Ao menos escrevem-se versos.
Escrevem-se versos, passa-se por doido, e depois por génio, se
    calhar.
    Se calhar, ou até sem calhar,
    Maravilha das celebridades!

Ia eu dizendo que ao menos escrevem-se versos...
Mas isto era a respeito de uma rapariga,
De uma rapariga loira,
Mas qual delas?
Havia uma que vi há muito tempo numa outra cidade,
Numa outra espécie de rua;
E houve esta que vi há muito tempo numa outra cidade,
Numa outra espécie de rua;
Porque todas as recordações são a mesma recordação,
Tudo que foi é a mesma morte,
Ontem,
      hoje,
            quem sabe se até amanhã?

Um transeunte olha para mim com uma estranheza ocasional.
Estaria eu a fazer versos em gestos e caretas?
Pode ser... A rapariga loira?
    É a mesma afinal...
        Tudo é o mesmo afinal...

Só eu, de qualquer modo, não sou o mesmo,
          e isso é o mesmo também afinal.

Ninguém compreende outro.

Somos,
       como disse o poeta,
                            ilhas no mar da vida;

corre entre nós
       o mar que nos define e separa.

\- O seu olhar tem qualquer coisa de música
     tocada a bordo dum barco,
     no meio misterioso de um rio
     com florestas na margem oposta...

\- Não diga que é por uma noite de luar.
     Abomino as noites de luar...

Há quem costume realmente
tocar música nas noites de luar...

Onde pus a esperança, as rosas
Murcharam logo.
Na casa, onde fui habitar,
O jardim, que eu amei por ser
Ali o melhor lugar,
E por quem essa casa amei —
Decerto o achei,
E, quando o tive, sem razão para o ter

Onde pus a afeição, secou
A fonte logo.
Da floresta, que fui buscar
Por essa fonte ali tecer
Seu canto de rezar —
Quando na sombra penetrei,
Só o lugar achei
Da fonte seca, inútil de se ter.

Para quê, pois, afeição, esperança,
Se perco, logo
Que as uso, a causa para as usar,
Se tê-las sabe a não as ter?
Crer ou amar —
Até à raiz, do peito onde alberguei
Tais sonhos e os gozei,
O vento arranque e leve onde quiser
E eu os não possa achar!

A solidão
    desola-me;

a companhia
    oprime-me.

Quer pouco:
terás tudo.

Quer nada:
serás livre.

O mesmo amor que tenham
Por nós,

quer-nos,

oprime-nos.

A folha insciente, antes que a própria morra
    Para nós morre, Cloé,
Para nós, que sabemos que ela morre
    Assim, Cloé, assim
Antes que os próprios corpos, que empregamos
    No amor, ela envelhece.
Assim, diversos, somos, inda jovens,
    Só a mútua lembrança.
Ah, se o que somos é sempre isto, e apenas
    Uma hora é o que somos,
Com tal excesso e fúria em cada amplexo
    A hausta vida ponhamos,
Que a memória haja vida; e nos beijemos
    Como se, findo o beijo
Único, houvesse de ruir a súbita
    Mole do total mundo.

O melhor género de

poema de amor

versa,
geralmente,

sobre uma mulher

abstrata.

Eu não sonho possuir-te.
Para quê?
Era traduzir para plebeu o meu sonho.
Possuir um corpo é ser banal.
Sonhar possuir um corpo é talvez pior,
ainda que seja difícil sê-lo:
é sonhar-se banal — horror supremo.

E já que queremos ser estéreis,
sejamos também castos,
porque nada pode haver de mais ignóbil e baixo do
que, renegando da Natureza o que nela é fecundado,
guardar vilãmente dela o que nos praz no que
renegámos.
Não há nobrezas aos bocados.

Sejamos castos como eremitas,
puros como corpos sonhados,
resignados a ser tudo isto,
como freirinhas doidas...

Sofro, Lídia, do medo do destino.
Qualquer pequena coisa de onde pode
Brotar uma ordem nova em minha vida,
        Lídia, me aterra.

Qualquer coisa, qual seja, que transforme
Meu plano curso de existência, embora
Para melhores coisas o transforme,
        Por transformar

Odeio, e não o quero. Os deuses dessem
Que ininterrupta minha vida fosse
Uma planície sem relevos, indo
        Até ao fim.

A glória embora eu nunca haurisse, ou nunca
Amor ou justa estima dessem-me outros,
Basta que a vida seja só a vida
        E que eu a viva.

Meu coração

é um

balde
despejado.

Como a noite é longa!
Toda a noite é assim...
Senta-te, ama, perto
Do leito onde esperto.
Vem pr'ao pé de mim...

Amei tanta coisa...
Hoje nada existe.
Aqui ao pé da cama
Canta-me, minha ama,
Uma canção triste.

Era uma princesa
Que amou... Já não sei...
Como estou esquecido!
Canta-me ao ouvido
E adormecerei...

Que é feito de tudo?
Que fiz eu de mim?
Deixa-me dormir,
Dormir a sorrir
E seja isto o fim.

A visão de ti
     seria o leito onde a minha alma adormecesse,
     criança doente,
         para sonhar outra vez com outro céu.

         Falares?
Sim, mas que ouvir-te fosse não te ouvir
       mas ver grandes pontes ao luar ligar
         as duas margens escuras do rio
            que vai ter ao ancião mar
onde as caravelas são novas para sempre.

      Sorrias?
Eu não sabia disso,
mas nos meus céus interiores andavam as estrelas.

     Olhavas-me dormindo.
Eu não reparava nisso mas no barco longínquo
        cuja vela de sonho ia sob o luar,
        passando longínquas marinhas.

A vida é pouco aos bocados.
O amor é vida a sonhar.

Olho para ambos os lados
E ninguém me vem falar.

Ah, como outrora era outra a que eu não tinha!
Como amei quando amei! Ah, como eu ria.
Como com olhos de quem nunca via
Tinha o trono onde ter uma rainha.

Sob os pés seus a vida me espezinha
Reclinas-te tão bem! A tarde esfria...
Ó mar sem cais nem lodo ou maresia,
Que tens comigo, cuja alma é a minha?

Sob uma umbrela de chá em baixo estamos
E é súbita a lembrança opositória
Da velha quinta e do espalmar dos ramos

Sob os quais a merenda... Oh amor, oh glória!
Fechem-me os olhos para toda a história!
Como sapos saltamos e erramos...

O sonho
jovem

    do amor

        é muito
velho.

Uma vez amei,
　　julguei que me amariam,
　　Mas não fui amado.

Não fui amado pela única grande razão —
　　Porque não tinha que ser.

Ah, Um Soneto...

Meu coração é um almirante louco
Que abandonou a profissão do mar
E que a vai relembrando pouco a pouco
Em casa a passear a passear...

No movimento (eu mesmo me desloco
Nesta cadeira, só de o imaginar)
O mar abandonado fica em foco
Nos músculos cansados de parar.

Há saudades nas pernas e nos braços.
Há saudades no cérebro por fora.
Há grandes raivas feitas de cansaços.

Mas — esta é boa! — era do coração
Que eu falava... e onde diabo estou eu agora
Com almirante em vez de sensação?...

É sempre de **nós** que nos separamos

quando deixamos

alguém.

Adeus...

O navio vai partir, sufoco o pranto
Que na alma faz nascer cruel saudade;
Só me punge a lembrança que em breve há-de
Fugir ao meu olhar o teu encanto.

Não mais ao pé de ti, fruindo santo
Amor em sonho azul; nem a amizade
De amigos me dará felicidade
Igual à que gozei contigo tanto.

Dentro do peito frio meu coração
Ardendo está co'a força da paixão,
Qual mártir exilado em gelo russo...

Vai largando o navio p'ra largo giro:
Eu meu "adeus" lhe envio n'um suspiro,
Ela um adeus me envia n'um soluço.

Passei toda a noite, sem saber dormir, vendo sem espaço a figura
    dela,
E vendo-a sempre de maneiras diferentes do que a encontro a ela.
Faço pensamentos com a recordação do que ela é quando me fala,
E em cada pensamento ela varia de acordo com a sua
    semelhança.

Amar é pensar.

E eu quase que me esqueço de sentir só de pensar nela.
Não sei bem o que quero, mesmo dela, e eu não penso senão nela.
Tenho uma grande distração animada.
Quando desejo encontrá-la
Quase que prefiro não a encontrar,
Para não ter que a deixar depois.
Não sei bem o que quero, nem quero saber o que quero.

Quero só pensar ela.

Não peço nada a ninguém,
                nem a ela,
            senão pensar.

Já sobre a fronte vã se me acinzenta
O cabelo do jovem que perdi.
        Meus olhos brilham menos.

Já não tem jus a beijos minha boca.
Se me ainda amas, por amor não ames:
    Traíras-me comigo.

(Freddie, eu chamava-te Baby,
               porque tu eras louro,
               branco
               e eu amava-te,
Quantas imperatrizes por reinar
e princesas destronadas
                    tu foste para mim!

Mary, com quem eu lia Burns em dias tristes como
               sentir-se viver,
Mary, mal tu sabes quantos casais honestos,
               quantas famílias felizes,
         Viveram em ti os meus olhos
         e o meu braço cingindo
               e a minha consciência incerta,
         A sua vida pacata, as suas casas suburbanas
         com jardim, os seus half-holidays inesperados...

Mary, eu sou infeliz...
Freddie, eu sou infeliz...

Oh, vós todos, todos vós, casuais, demorados,
Quantas vezes tereis pensado em pensar em mim, sem
     que o fizésseis,
Ah, quão pouco eu fui no que sois, quão pouco, quão
     pouco —
Sim, e o que tenho eu sido, ó meu subjetivo universo,
Ó meu sol, meu luar, minhas estrelas, meu momento,
Ó parte externa de mim perdida em labirintos de
     Deus!)

Dobrada à Moda do Porto

Um dia, num restaurante, fora do espaço e do tempo,
Serviram-me o amor como dobrada fria.
Disse delicadamente ao missionário da cozinha
      Que a preferia quente,
Que a dobrada (e era à moda do Porto) nunca se come
                            fria.

      Impacientaram-se comigo.
      Nunca se pode ter razão, nem num restaurante.
      Não comi, não pedi outra coisa, paguei a conta,
      E vim passear para toda a rua.

      Quem sabe o que isto quer dizer?
      Eu não sei, e foi comigo...

(Sei muito bem que na infância de toda a gente houve
                        um jardim,
      Particular ou público, ou do vizinho.
      Sei muito bem que brincarmos era o dono dele.
      E que a tristeza é de hoje).

Sei isso muitas vezes,
Mas, se eu pedi amor, porque é que me trouxeram
Dobrada à moda do Porto fria?
      Não é prato que se possa comer frio,
      Mas trouxeram-mo frio.
      Não me queixei, mas estava frio,
      Nunca se pode comer frio, mas veio frio.

Não o amor, mas os arredores é que vale a pena...

A beleza
de um corpo nu
só a sentem
as raças vestidas.

Dá a surpresa de ser
É alta, de um louro escuro.
Faz bem só pensar em ver
        Seu corpo meio maduro.

Seus seios altos parecem
(Se ela estivesse deitada)
Dois montinhos que amanhecem
        Sem ter que haver madrugada.

E a mão do seu braço branco
Assenta em palmo espalhado
Sobre a saliência do flanco
        Do seu relevo tapado.

Apetece como um barco.
Tem qualquer coisa de gomo.
Meu Deus, quando é que eu embarco?
        Ó fome, quando é que eu como?

O amor quer possuir,
      quer tornar seu o que tem de ficar fora
      para ele saber que só torna seu se não é.

Amar é entregar-se.
      Quanto maior a entrega,
                    maior o amor.

Amo-vos a todos, a tudo, como uma fera.
Amo-vos carnivoramente,
Pervertidamente e enroscando a minha vista
Em vós, ó coisas grandes, banais, úteis, inúteis,
Ó coisas todas modernas,
Ó minhas contemporâneas, forma atual e próxima
Do sistema imediato do Universo!
Nova Revelação metálica e dinâmica de Deus!

Ó fábricas, ó laboratórios, ó *music-halls*, ó Luna-Parks,
Ó couraçados, ó pontes, ó docas flutuantes -
Na minha mente turbulenta e encandescida
Possuo-vos como a uma mulher bela,
Completamente vos possuo como a uma mulher bela que
    não se ama,
Que se encontra casualmente e se acha interessantíssima.

[...] Eu podia morrer triturado por um motor
Com o sentimento de deliciosa entrega duma mulher
    possuída.
Atirem-me para dentro das fornalhas!
Metam-me debaixo dos comboios!
Espanquem-me a bordo de navios!
Masoquisto através de maquinismos!
Sadismo de não sei quê moderno e eu e barulho!

Ah, e a gente ordinária e suja, que parece sempre a mesma,
Que emprega palavrões como palavras usuais,
Cujos filhos roubam às portas das mercearias
E cujas filhas aos oito anos - e eu acho isto belo e amo-o! -
Masturbam homens de aspeto decente nos vãos de escada.
A gentalha que anda pelos andaimes e que vai para casa
Por vielas quase irreais de estreiteza e podridão.
Maravilhosa gente humana que vive como os cães,
Que está abaixo de todos os sistemas morais,
Para quem nenhuma religião foi feita,
Nenhuma arte criada,
Nenhuma política destinada para eles!
Como eu vos amo a todos, porque sois assim,
Nem imorais de tão baixos que sois, nem bons nem maus,
Inatingíveis por todos os progressos,
Fauna maravilhosa do fundo do mar da vida!

Não ter sido Madame de hárem!

Que pena tenho de mim
por me não ter acontecido isto!

Psicologia feminina do amor

Ora o *flirt*, o namoro, não é senão, analisada sem escrúpulo a sua essência íntima, uma antecipação da possibilidade de uma cópula. Repare-se que não é a antecipação de uma cópula, o que, por mais directo, é mais perturbante.

— O que se chama o prazer *puro* do amor (no que é namoro ou *flirt*) não é senão um prazer muito grande porque isento (e nesse sentido *puro*) do elemento perturbante do directo desejo, ou imediata esperança, do coito.

Ser o meu corpo passivo a mulher-todas-as-mulheres
Que foram violadas, mortas, feridas, rasgadas pelos piratas!
Ser no meu ser subjugado a fêmea que tem de ser deles
E sentir tudo isso — todas estas coisas duma só vez — pela
    espinha!

Ó meus peludos e rudes heróis da aventura e do crime!
Minhas marítimas feras, maridos da minha imaginação!
Amantes casuais da obliquidade das minhas sensações!
Queria ser Aquela que vos esperasse nos portos,
A vós, odiados amados do seu sangue de pirata nos sonhos!
Porque ela teria convosco, mas só em espírito, raivado
Sobre os cadáveres nus das vítimas que fazeis no mar!
Porque ela teria acompanhado vosso crime, e na orgia oceânica
Seu espírito de bruxa dançaria invisível em volta dos gestos
Dos vossos corpos, dos vossos cutelos, das vossas mãos
    estranguladoras!
E ela em terra, esperando-vos, quando viésseis, se acaso viésseis,
Iria beber nos rugidos do vosso amor todo o vasto,
Todo o nevoento e sinistro perfume das vossas vitórias,
E através dos vossos espasmos silvaria um sabbat de vermelho e
    amarelo!

A carne rasgada, a carne aberta e estripada, o sangue correndo!
Agora, no auge conciso de sonhar o que vós fazíeis,
Perco-me todo de mim, já não vos pertenço, sou vós,
A minha feminilidade que vos acompanha é ser as vossas almas!
Estar por dentro de toda a vossa ferocidade, quando a praticáveis!
Sugar por dentro a vossa consciência das vossas sensações
Quando tingíeis de sangue os mares altos,
Quando de vez em quando atiráveis aos tubarões
Os corpos vivos ainda dos feridos, a carne rosada das crianças
E leváveis as mães às amuradas para verem o que lhes acontecia!

A mulher
- uma boa fonte de sonhos.

Nunca lhe toques.

O noivo anseia de tudo o final
No desejo dos seios em prazer chupado,
No pôr da mão no pelo virginal
E no apalpar do antro labiado
Da fortaleza pronta para assaltar,
Que faz o aríete crescer e ansiar.

       A trémula noiva sente, todo o dia,
       Calor no lugar inda enclausturado
       Onde só, noturna, a sua mão fingia
       Ganhar, do prazer, um lucro gorado.
       E dos outros, a maior parte murmura
       Disto sabendo o pouco que dura.

E as crianças, olhando atentas nos sentidos,
Antegozam já da carne o saber,
No fazer com homens e mulheres crescidos
O ato de excitante e líquido prazer,
Tentando p'los cantos o gosto futuro,
Gosto que mal sabem, porque prematuro.

Há os que vencem no amor,
　　há os que vencem na política,
　　　há os que vencem na arte.

　　Os primeiros têm a vantagem da narrativa,
　pois se pode vencer claramente no amor
sem haver conhecimento célebre do que sucedeu.

　　É certo que,
ao ouvir contar a qualquer desses indivíduos
as suas Maratonas sexuais,
　　uma vaga suspeita nos invade,
pela altura do sétimo desfloramento.

Os que são amantes de senhoras de títulos,
　　ou muito conhecidas (são, aliás, quase todos),
fazem um tal gasto de condessas
que uma estatística das suas conquistas
　　não deixaria sérias e comedidas
nem as bisavós dos títulos presentes.

Não: não digas nada!
Supor o que dirá
A tua boca velada
É ouvi-lo já.

É ouvi-lo melhor
Do que o dirias.
O que és não vem à flor
Das frases e dos dias.

És melhor do que tu.
Não digas nada; sê!
Graça do corpo nu
Que invisível se vê.

Mesmo uma mulher bela
não satisfaz como uma estátua.

Porque uma mulher é bela *e outras coisas
- físicas e morais* - que não são *a beleza.*

Uma estátua é *só bela.*
(É só pedra além disso, mas a pedra não é
nada para nós, por isso a desprezamos,
olhando só a beleza.)

Em Adriano a chuva fora era na alma fria.

O jovem morto jazia
No leito raso e, no todo desnudado,
Aos olhos de Adriano, em dor amedrontado,
Do eclipse da Morte sombria luz descia.

O jovem jazia morto e o dia era noturno
Fora. Caía a chuva como um aviso soturno
Da Natureza em afã de o ter matado.
Lembrança do que foi não dava mais prazer,
Prazer do que fora já morto e velado.

Ó mãos que as de Adriano, quentes, agarraram,
Cujo frio de agora frias as achava!
Ó cabelo que faixas de antes apertaram!
Ó olhos algo incertos do que ousava!
Ó corpo viril de feminino ar
Como a forma de um deus humanizada!
Ó lábios rubros abertos p'ra tocar
Os sítios do prazer em arte variada!
Ó dedos hábeis no inconfessado!
Ó língua na língua tornando o sangue ousado!
Ó total prazer em trono e em regência
Na raiva da sustida consciência!
Não mais serão estas coisas de amor.
A chuva é silente e o Imperador
Cai junto ao leito. Raiva é seu tormento,
Pois os deuses levam a vida que trazem
E da vida doada a beleza desfazem.
Chora e sabe que todo o futuro tempo
O está fitando ainda antes de ser;
Está seu amor em palco universal;
Coram sua dor mil olhos por nascer.

Morto está Antínoo. Morto para sempre;
Para sempre morto e todo o amor o chora.
A própria Vénus, de Adónis amante,

Ao vê-lo morto, depois de revivido,
Traz seu velho pesar, renovado agora,
E no pesar de Adriano confundido.

[...]

« Erguer-te-ei uma estátua que será
Prova em contínua, futura idade
De meu amor, beleza tua e divindade
A que a beleza sentido dá.
Já que a morte, com leve mão, vem arrancar
As vestes da vida e de império ao nosso amor,
A sua estátua nua, que tu hás-de inspirar,
As gerações futuras, de bom ou mau grado,
Como um dote trazido por um deus forçado,
Inevitavelmente haverão que herdar. »

Aqui, dizeis, na cova a que me abeiro,
Não está quem eu amei. Olhar nem riso
    Se escondem nesta leira.
Ah, mas olhos e boca aqui se escondem!
Mãos apertei, na alma, e aqui jazem.
    Homem, um corpo choro!

Antinous e *Epithalamium*
      são os únicos poemas (ou, até, composições)
      que eu tenho escrito
      que são nitidamente o que se pode chamar obscenos.

        Há em cada um de nós,
por pouco que especialize instintivamente na obscenidade,
      um certo elemento desta ordem,
cuja quantidade, evidentemente, varia de homem para homem.

        Como esses elementos,
      por pequeno que seja o grau em que existem,
são um certo estorvo para alguns processos mentais superiores,
      decidi, por duas vezes, eliminá-los pelo processo simples
      de os exprimir intensamente.

Eu nunca fui dos que a um sexo o outro
No amor ou na amizade preferiram.
Por igual amo, como a ave pousa
    Onde pode pousar.

Pousa a ave, olhando apenas a quem pousa
Pondo querer pousar antes do ramo;
Corre o rio onde encontra o seu retiro
    E não onde é preciso.

Assim das diferenças me separo
E onde amo, porque o amo ou nenhum amo,
Nem a inocência inata de quem ama
    Julgo postergada nisto.

Não no objeto, no modo está o amor,
Logo que a ame, a qualquer coisa amo.
Meu amor nela não reside, mas
    Em meu amor.

Os deuses que nos deram este rumo
Do amor a que chamamos beleza
Não na mulher só a puseram; nem
    No fruto apenas.

Príncipe de melhores horas,
outrora eu fui tua
princesa,
e amámo-nos com um amor
doutra espécie,
cuja memória me dói.

Não encontro dificuldade em definir-me: sou um temperamento feminino com uma inteligência masculina. A minha sensibilidade e os movimentos que dela procedem, e é nisso que consistem o temperamento e a sua expressão, são de mulher. As minhas faculdades de relação — a inteligência, e a vontade, que é a inteligência do impulso — são de homem.

Quanto à sensibilidade, quando digo que sempre gostei de ser amado, e nunca de amar, tenho dito tudo. Magoava-me sempre o ser obrigado, por um dever de vulgar reciprocidade — uma lealdade do espírito — a corresponder. Agradava-me a passividade. De atividade, só me aprazia o bastante para estimular, para não deixar esquecer-me, a atividade em amar daquele que me amava.

Reconheço sem ilusão a natureza do fenómeno. É uma inversão sexual fruste. Pára no espírito. Sempre, porém, nos momentos de meditação sobre mim, me inquietou, não tive nunca a certeza, nem a tenho ainda, de que essa disposição do temperamento não pudesse um dia descer-me ao corpo. Não digo que praticasse então a sexualidade correspondente a esse impulso; mas bastava o desejo para me humilhar. Somos vários desta espécie, pela história abaixo — pela história artística sobretudo. Shakespeare e Rousseau são dos exemplos, ou exemplares, mais ilustres. E o meu receio da descida ao corpo dessa inversão do espírito — radica-mo a contemplação de como nesses dois desceu — completamente no primeiro, e em pederastia; incertamente no segundo, num vago masoquismo.

Posso mudar de
     amada

    e ela será
sempre
    a mesma.

Todos os amantes
      beijaram-se na minh'alma,

Todos os vadios
      dormiram um momento em cima de mim,

Todos os desprezados
      encostaram-se um momento ao meu ombro,

      Atravessaram a rua, ao meu braço,
todos os velhos e doentes,

      E houve um segredo que me disseram todos os
assassinos.

Aqueles de nós que não são pederastas
desejariam ter a coragem de o ser.

Toda a inapetência para a ação inevitavelmente feminiza.
Falhámos a nossa verdadeira profissão
de donas de casa e de castelãs
sem que fazer por um transvio de sexo
na encarnação presente.

Embora não acreditemos absolutamente nisto,
sabe ao sangue da ironia fazer em nós
como se o acreditássemos.

Portugal-Infinito, onze de Junho de mil novecentos e quinze...

Hé-lá-á-á-á-á-á-á!

De aqui, de Portugal, todas as épocas no meu cérebro,
Saúdo-te, Walt, saúdo-te, meu irmão em Universo,
Ó sempre moderno e eterno, cantor dos concretos absolutos,
Concubina fogosa do universo disperso,
Grande pederasta roçando-te contra a diversidade das coisas
Sexualizado pelas pedras, pelas árvores, pelas pessoas, pelas
    profissões,
Cio das passagens, dos encontros casuais, das meras observações,
Meu entusiasta pelo conteúdo de tudo,
Meu grande herói entrando pela Morte dentro aos pinotes,
E aos urros, e aos guinchos, e aos berros saudando Deus!

Cantor da fraternidade feroz e terna com tudo,
Grande democrata epidérmico, contíguo a tudo em corpo e alma,
Carnaval de todas as acções, bacanal de todos os propósitos
Irmão gémeo de todos os arrancos,
Jean-Jacques Rousseau do mundo que havia de produzir
    máquinas,
Homero do insaisissable do flutuante carnal,
Shakespeare da sensação que começa a andar a vapor,
Milton-Shelley do horizonte da Electricidade futura!
Incubo de todos os gestos,
Espasmo p'ra dentro de todos os objetos de fora
Souteneur de todo o Universo,
Rameira de todos os sistemas solares, paneleiro de Deus!

Eu, de monóculo e casaco exageradamente cintado,
Não sou indigno de ti, bem o sabes, Walt,
Não sou indigno de ti, basta saudar-te para o não ser...
Eu tão contíguo à inércia, tão facilmente cheio de tédio,
Sou dos teus, tu bem sabes, e compreendo-te e amo-te,
E embora te não conhecesse, nascido pelo ano em que morrias,
Sei que me amaste também, que me conheceste, e estou contente.
Sei que me conheceste, que me contemplaste e me explicaste,
Sei que é isso que eu sou, quer em Brooklyn Ferry dez anos antes
    de eu nascer,
Quer pela rua do Ouro acima pensando em tudo que não é a rua
    do Ouro,
E conforme tu sentiste tudo, sinto tudo, e cá estamos de mãos
    dadas,
De mãos dadas, Walt, de mãos dadas, dançando o universo na
    alma.

Quantas vezes eu beijo o teu retrato.
Lá onde estás agora (não sei onde é mas é Deus)
Sentes isto, sei que o sentes, e os meus beijos são mais quentes
    (em gente)

E tu assim é que os queres, meu velho, e agradeces de lá,
Sei-o bem, qualquer coisa mo diz, um agrado no meu espírito,
Uma ereção abstrata e indireta no fundo da minha alma.

- O homem que cai na vida chamada dissoluta, e nela se fixa mantém-se homem, cumpre o seu dever para consigo próprio que é o de se dar prazer sexual, visto que tem faculdades psíquicas e físicas que o exigem. Excusa - dada a existência da prostituição - de se intranquilisar nessa caça ao prazer; pode anular uma coisa a que os moralistas chamam «as suas faculdades superiores de amoroso», mas essas faculdades não são senão as que tendem para o sossego sexual, interpretadas através dos sonetos de Petrarca que, aliás, teve variados bastardos. Mas a mulher que ganha a vida perde a sua qualidade fundamental de mulher. Todo o tempo que gasta a trabalhar para ganhar a vida, perde-o para o seu único fim vital e psíquico, que é captar o homem. Por isso a única profissão feminina que não estraga a mulher é a de prostituta.

- Eh?

- Absolutamente. A mulher que ganha a vida «honradamente» é uma invertida. O que no homem corresponde a esse desvio feminino é a inversão sexual. É o desvio do fenómeno sexual para onde o sossego é obtido pela impossibilidade natural de realizar o fenómeno sexual. Essa impossibilidade pode ser porque as relações sexuais entre homens são realmente possíveis. Mas isso é um requinte da inversão sexual normal em determinado tipo de homem, que, por si, não é anormal. Shakespeare nos seus Sonetos, apaixonando-se por um mancebo qualquer, foi, como sempre o grande normal que ele era, e representante supremo do tipo máximo masculino, o do homem cheio de interesses e atenções para tantas coisas da vida, que não pode gastar tempo na caça ao prazer sexual normal, e por isso o substitui pelo prazer sexual dado pela amizade com outros homens levada ao requinte, visto que esses interesses da sua vida o levarão por certo a lidar mais com homens do que com mulheres.

- Essa teoria é fantástica. Com que então, para si, a inversão sexual é de certo modo uma coisa normal?

- A inversão sexual masculina; da feminina só falei por alto. Essa é anormal. A mulher não tem direito à inversão sexual. Nela é uma degenerescência...

- A propósito: que papel tem na sua teoria - que explicação, quero eu dizer - a inversão sexual feminina propriamente tal?

- Ah, essa? É simples. É simples e um pouco complexa, sobretudo para explicar. Primeiro, a mulher desvia-se do seu papel normal de captar o homem. Feito isso, ela já está invertida, está homem. Safo, por exemplo, caindo no erro terrível e imoralíssimo, de, sendo mulher, escrever versos, ficou ipso facto invertida; uma vez invertida, tomou-se psiquicamente homem.

- Sim, está bem. Já vejo o resto. Daí a sentir uma atração física pela mulher, o passo é um e curto. Resta saber se essa explicação corresponde à realidade. É tão simples que deve ser falsa, e tão natural que o é com certeza.

As figuras de amadas, que aliás não existem como figuras, nos versos de Ricardo Reis são abstrações às avessas, ou vistas do avesso. Não são abstrações no sentido de serem abstratas, mas no sentido de terem apenas a realidade necessária para serem consideradas como existindo. São Chloés, Lydias e outras romanidades assim, não porque não existam, mas porque para o caso tanto vale ser Chloé como Maria Augusta, e, ao passo que esta última faz supor uma costureira, ou coisa parecida, com a agravante de o poder ser deveras, a gente sente-se realmente pagão com a Lydia.

No que o Reis tem muita sorte é em escrever tão comprimido que é quase impossível seguir com a precisa atenção - supondo que ela é precisa - o sentido completo e exato de todos os seus dizeres. É isso que faz com que aquela ode que começa: «A flor que és, não a que dás, eu quero» (pasmem, aliás, do «eu» antes do «quero», contra toda a índole linguística portuguesa do Ricardo Reis!) disfarce que é dirigida a um rapaz, pois poucos há (perdidos como vão na escuridão sintáctica do poeta) que reparem no pequeno «o» que define a coisa.

«Se te colher avaro
A mão da infausta sphynge,» etc.

É a primeira vez que a sintaxe aparece como véu de pudor - delgado sendal, ou lá o que quer que seja, que cobre as partes do discurso.

O amor é que é essencial.

O sexo é só um acidente.
     Pode ser igual
          Ou diferente.

O homem não é um animal:
     É uma carne inteligente,
     Embora às vezes doente.

       Às amantes
impossíveis

     é também
impossível
     o sorriso falso,
         o dolo do carinho,
             a astúcia das carícias.

Nunca nos abandonam,
     nem de qualquer modo nos cessam.

— Cegar! Cegar! exclamou Caeiro com um berro esquecido de toda a alternativa.

— Você prefere...

— Tudo menos cegar, gritou Caeiro.

— Contudo, disse eu...

— Quem me tira os testículos, tira-me só a possibilidade de todas as mulheres; quem me tira os olhos, tira-me realmente do universo inteiro.

Falava o semi-deus criança.

O seu critério organicamente infantil e divino não concebe os meandros do viril e do humano. Sim. O meu mestre Caeiro não sabe que quem nos tirasse os testículos nos tirava até a virgindade se a quisesse tirar.

O meu mestre Caeiro não adivinha as ramificações espirituais do líquido espermático.

Nunca amamos ninguém.
    Amamos,
        tão-somente,
    a ideia que fazemos de alguém.

    É a um conceito nosso
        - em suma,
        é a nós mesmos –
            que amamos.

Isso é verdade em toda a escala do amor.

        No amor sexual,
    buscamos um prazer nosso
dado por intermédio de um corpo estranho.

        No amor diferente do sexual,
    buscamos um prazer nosso
dado por intermédio de uma ideia nossa.

Horror! Conhecer intimamente
O transcendente horror dum corpo humano!

Sentir o mistério doutra vida
Tão intimamente perto... quase nosso

É como que carnalizar em hórrida
Intranscendência o mistério em si.

Agora és casto. Deixarás de o ser dentro de um mês ou um mês e 3 dias. E a mulher que te iniciará no sexo é uma rapariga que ainda não conheces. É uma poetisa amadora e assumida.

Tão claramente ela é a mulher que não sabes que procuras e que todavia procuras. Não são muitas as mulheres que te atraem, mas ela far-te-á tremer e desviar os olhos ao mesmo tempo.

Ela é muito magnética - é um homem na sua forte capacidade de comando.

É uma rapariga ágil, magra, mas com um busto desenvolvido.

Espera pelos lábios dela. Vão pôr-te louco. Ela é o vinho que tu precisas de beber.

Não deves continuar a manter a castidade. És tão misógino que te encontrarás moralmente impotente, e dessa forma não produzirás nenhuma obra completa na literatura. Deves abandonar a tua vida monástica e *já*.

Nenhum homem é homem se não for um *amante*. Muitos homens fazem *acasalamentos*.

Decide-te a fazer o teu dever de acordo com a Natureza, não de uma maneira tão insana como agora. Decide-te a ir para a cama com a rapariga que vai entrar na tua vida. Decide-te a fazê-la feliz de um modo sexual. Ela é uma rapariga do tipo masculino e é uma mulher mesmo boa para ti. Ela encontra-se contigo e faz com que a ames. É forte e imensamente masculina na sua força de vontade e no seu modo de te submeter a ela. Não ofereças resistência. Não há nada a temer. Tudo será mais simples do que supões. Ela é virgem, como tu, e nómada na vida como tu. Não é mulher para casar, pois é demasiado nómada moralmente para construir um ninho. Só uma rapariga assim pode fazer-te acasalar com ela. Nenhum tipo de resistência da tua parte valerá a pena. Nenhuma resistência pode resistir a uma vontade avassaladora.

O que sentimos, não o que é sentido,
É o que temos. Claro, o inverno estreita.
        Como à sorte o acolhamos.
Haja inverno na terra, não na mente,
E, amor a amor, ou livro a livro, amemos
        Nossa lareira breve.

Mas eu não ouso. Ó horror e tortura!
O transcendente horror de um ser humano!
Beijar na boca uma consciência, um ser humano!
Beijar na boca uma consciência, um ser,
O mistério encarnado em nu e sólido.

Meu pobre amigo, não tenho compaixão que te dar.
A compaixão custa, sobretudo sincera, e em dias de chuva.
Quero dizer: custa sentir em dias de chuva.
Sintamos a chuva e deixemos a psicologia para outra espécie de
    céu.

Com que então problema sexual?
Mas isso depois dos quinze anos é uma indecência.
Preocupação com o sexo oposto (suponhamos) e a sua psicologia
Mas isso é estúpido, filho.

O sexo oposto existe para ser procurado e não para ser
    compreendido.

O problema existe para estar resolvido e não para preocupar.
Compreender é ser impotente.
E você devia revelar-se menos.
"La Colére de Samson", conhece?
"La femme, enfant malade et [...]"
Mas não é nada disso.
Não me mace, nem me obrigue a ter pena!
Olhe: tudo é literatura.
Vem-nos tudo de fora, como a chuva.
A maneira? Se nós somos páginas aplicadas de romances?
Traduções, meu filho.
Você sabe porque está tão triste? É por causa de Platão,
Que você nunca leu.
E um soneto de Petrarca, que você desconhece, sobrou-lhe
    errado,

E assim é a vida.

Arregace as mangas da camisa civilizada
E cave terras exatas!
Mais vale isso que ter a alma dos outros.
Não somos senão fantasmas de fantasmas,
E a paisagem hoje ajuda muito pouco.
Tudo é geograficamente exterior.
A chuva cai por uma lei natural

E a humanidade ama porque ama falar no amor.

Sim, choro às vezes o corpo perfeito que
não existe.
Mas o corpo perfeito é o
corpo mais corpo
que pode haver,

E o resto são os sonhos dos homens,
A miopia de quem vê pouco,

E o desejo de estar sentado
de quem não sabe estar de pé.

Todo o cristianismo é um sonho de cadeiras.

Todas as casadas do mundo são mal casadas

(Se
eu casasse
com a filha da minha lavadeira

Talvez fosse
feliz.)

A rapariga inglesa, uma loura, tão jovem, tão boa
Que queria casar comigo...
Que pena eu não ter casado com ela...
Teria sido feliz
Mas como é que eu sei se teria sido feliz?
Como é que eu sei qualquer coisa a respeito do que teria sido
Do que teria sido, que é o que nunca foi?

Hoje arrependo-me de não ter casado com ela,
Mas antes que até a hipótese de me poder arrepender de ter
    casado com ela.
E assim é tudo arrependimento,
E o arrependimento é pura abstração.
Dá um certo desconforto
Mas também dá um certo sonho...

Sim, aquela rapariga foi uma oportunidade da minha alma.
Hoje o arrependimento é que é afastado da minha alma.
Santo Deus! que complicação por não ter casado com uma inglesa
    que já me deve ter esquecido!...
Mas se não me esqueceu?
Se (porque há disso) me lembra ainda e é constante
(Escuso de me achar feio, porque os feios também são amados
E às vezes por mulheres!)
Se não me esqueceu, ainda me lembra.
Isto, realmente, é já outra espécie de arrependimento.
E fazer sofrer alguém não tem esquecimento.

Mas, afinal, isto são conjeturas da vaidade.
Bem se há-de ela lembrar de mim, com o quarto filho nos braços,
Debruçada sobre o Daily Mirror a ver a Pussy Maria.

Pelo menos é melhor pensar que é assim.
É um quadro de casa suburbana inglesa,
É uma boa paisagem íntima de cabelos louros,
E os remorsos são sombras...
Em todo o caso, se assim é, fica um bocado de ciúme.
O quarto filho do outro, o Daily Mirror na outra casa.
O que podia ter sido...
Sim, sempre o abstrato, o impossível, o irreal mas perverso —
O que podia ter sido.
Comem marmelade ao pequeno almoço em Inglaterra...
Vingo-me em toda a linguagem inglesa de ser um parvo
    português.

Ah, mas ainda vejo
O teu olhar realmente tão sincero como azul

A olhar como uma outra criança para mim...
E não é com piadas de sal do verso que te apago da imagem
Que tens no meu coração;
Não te disfarço, meu único amor, e não quero nada da vida.

Cada um de nós
é dois,

e quando duas pessoas
se encontram,
se aproximam,
se ligam,

é raro que as quatro possam estar de acordo.

A mulher virgem, em geral, não ama o homem com quem casa, embora frequentemente de tal se persuada: gosta dele, e esse gostar, que é uma amizade, provocada em geral pelo amor do homem por ela, somando-se ao instinto sexual insatisfeito, ou seja à atração sexual abstrata, forma um composto semi-emotivo que dá a ilusão do amor, [...] as suas emoções — aquela parte da sexualidade que não é só sexual — ficam insatisfeitas. Nuns casos o instinto maternal, exercendo-se no aparecimento dos filhos, ou satisfaz essas emoções ou as esbate e acalma; noutros casos, a vida imaginativa consegue, em maior ou menor grau, satisfazê-las. Há casos, porém, em que ficam insatisfeitas e então só o fundo moral seguro e a [...] moral forte, ou o senso [...] e medroso da respeitabilidade social, podem — quando podem, e isso depende muito do temperamento que está por trás dessas emoções — resistir ao aparecimento, quando e se ele se der, do homem em quem essas emoções se possam concentrar. Em todo o caso, e para bem moral dos resultados, o melhor é o homem não aparecer.

O amor pede
identidade
             com
diferença,

o que é
impossível
          já na lógica,

quanto mais no mundo.

Só uma vez fui verdadeiramente amado. Daquela vez em que uma malícia da oportunidade me fez julgar que amava, e verificar deveras que era amado, fiquei, primeiro, estonteado e confuso, como se me saíra uma sorte grande em moda inconvertível. Fiquei, depois, porque ninguém é humano sem o ser, levemente envaidecido; esta emoção, porém, que pareceria a mais natural, passou rapidamente. Sucedeu-se um sentimento difícil de definir, mas em que se salientavam incomodamente as sensações de tédio, de humilhação e de fadiga.

A fadiga de ser amado, de ser amado deveras! A fadiga de sermos o objeto do fardo das emoções alheias! Converter quem quisera ver-se livre, sempre livre, no moço de fretes da responsabilidade de corresponder, da decência de se não afastar, para que se não suponha que se é príncipe nas emoções e se renega o máximo que uma alma humana pode dar. A fadiga de se nos tornar a existência uma coisa dependente em absoluto de uma relação com um sentimento de outrem! A fadiga de, em todo o caso, ter forçosamente que sentir, ter forçosamente, ainda que sem reciprocidade, que amar um pouco também!

Benditos
os que não confiam
a vida
a ninguém.

Queriam-me casado, fútil, quotidiano e tributável?
Queriam-me o contrário disto, o contrário de qualquer coisa?
Se eu fosse outra pessoa, fazia-lhes, a todos, a vontade.
Assim, como sou, tenham paciência!
Vão para o diabo sem mim,
Ou deixem-me ir sozinho para o diabo!
Para que havemos de ir juntos?

Não me peguem no braço!
Não gosto que me peguem no braço. Quero ser sozinho.
Já disse que sou sozinho!
Ah, que maçada quererem que eu seja de companhia!

Ninguém a outro ama, senão que ama
O que de si há nele, ou é suposto.
Nada te pese que não te amem. Sentem-te

Quem és, e és estrangeiro.

Cura de ser quem és, amam-te ou nunca.
Firme contigo, sofrerás avaro
    De penas.

Ninguém se amaria
a si mesmo
se deveras se conhecesse.

Nós não podemos amar, filho. O amor é a mais carnal das ilusões. Amar é possuir, escuta. E o que possui quem ama? O corpo? Para o possuir seria preciso tornar nossa a sua matéria, comê-lo, incluí-lo em nós... E essa impossibilidade seria temporária, porque o nosso próprio corpo passa e se transforma, porque nós não possuímos o nosso corpo (possuímos apenas a nossa sensação dele), e porque, uma vez possuído esse corpo amado, tornar-se-ia *nosso*, deixaria de ser outro, e o amor, por isso, com o desaparecimento do outro ente, desapareceria...

Possuímos a alma? Ouve-me em silêncio: Nós não a possuímos. Nem a nossa alma é nossa sequer. Como, de resto, possuir uma alma? Entre alma e alma há o abismo de serem almas.

Que possuímos? que possuímos? Que nos leva a amar? A beleza? E nós possuímo-la amando? A mais feroz e dominadora posse de um corpo o que possui dele? Nem o corpo, nem a alma, nem a beleza sequer. A posse de um corpo lindo não abraça a beleza, abraça a carne celulada e gordurosa; o beijo não toca na beleza da boca, mas na carne húmida dos lábios perecíveis em mucosas; a própria cópula é um contato apenas, um contato esfregado e próximo, mas não uma penetração *real,* sequer, de um corpo por outro corpo... que possuímos nós? que possuímos?

Amar

é cansar-se de estar só:

é uma **covardia** portanto,
e uma **traição** a nós próprios.

(importa soberanamente que não amemos).

O amor romântico é uma veste, ou traje, que a alma ou a imaginação fabricam para com ele vestir as criaturas, que acaso apareçam, e o espírito ache que lhes cabe.

Mas todo o traje, como não é eterno, dura tanto quanto dura; e em breve, sob a veste do ideal que formámos, que se esfacela, surge o corpo real da pessoa humana, em quem o vestimos.

O amor romântico, portanto, é um caminho de desilusão. Só o não é quando a desilusão, aceite desde o princípio, decide variar de ideal constantemente, tecer constantemente, nas oficinas da alma, novos trajes, com que constantemente se remove o aspeto da criatura, por eles vestida.

Os homens
São fáceis de afastar:

basta não nos aproximarmos.

Glorificação das Estéreis

Se dentre as mulheres da terra eu vier um dia a colher uma esposa, que a tua prece por mim seja esta — que, de qualquer modo, ela seja estéril. Mas pede também, se por mim rezares, que eu não venha nunca a obter essa esposa suposta.

Só a esterilidade é nobre e digna. Só matar o que nunca foi é raro e sublime e absurdo. As relações entre uma alma e outra, através de coisas tão incertas e divergentes como as palavras comuns e os gestos que se empreendem, são matéria de estranha complexidade. No próprio ato em que nos conhecemos, nos desconhecemos. Dizem os dois "amo-te" ou pensam-no e sentem-no por troca, e cada um quer dizer uma ideia diferente, uma vida diferente, até, porventura, uma cor ou um aroma diferente, uma vida diferente, na soma abstrata de impressões que constitui a atividade da alma.

Uma Carta

Há um vago número de muitos meses que me vê olhá-la constantemente, sempre com o mesmo olhar incerto e solícito. Eu sei que tem reparado nisso. E como tem reparado, deve ter achado estranho que esse olhar, não sendo propriamente tímido, nunca esboçasse uma significação. Sempre atento, vago e o mesmo, como que contente de ser só a tristeza disso... Mais nada... E dentro do seu pensar nisso — seja o sentimento qual seja com que tem pensado em mim — deve ter perscrutado as minhas possíveis intenções. Deve ter explicado a si própria, sem se satisfazer, que eu sou ou um tímido especial e original, ou uma qualquer espécie de qualquer coisa aparentado com o ser louco.

Eu não sou, minha Senhora, perante o facto de olhá-la, nem estritamente um tímido, nem assentemente um louco. Sou outra coisa, primeira e diversa, como, sem esperança de que me creia, lhe vou expor. Quantas vezes eu segredava ao seu ser sonhado: Faça o seu dever de ânfora inútil, cumpra o seu mister de mera taça.

Com que saudade da ideia que quis forjar-me de si eu percebi um dia que era casada! O dia em que percebi isso foi trágico na minha vida. Não tive ciúmes do seu marido. Nunca pensei se acaso o tinha. Tive simplesmente saudades da minha ideia de si. Se eu um dia soubesse este absurdo — que uma mulher num quadro — sim essa — era casada, a mesma seria a minha dor.

Possuí-la? Eu não sei como isso se faz. E mesmo que tivesse sobre mim a mancha humana de sabê-lo, que infame eu não seria para mim próprio, que insultador agente de minha própria grandeza, ao pensar sequer em nivelar-me com o seu marido!

Possuí-la? Um dia que acaso passe sozinha numa rua escura, um assaltante pode subjugá-la e possuí-la, pode fecundá-la até e deixar atrás de si esse rasto uterino. Se possuí-la é possuir-lhe o corpo que valor há nisso?

Que não lhe possui a alma?... Como é que se possui uma alma? E pode haver um hábil e amoroso que consiga possuir-lhe essa «alma»? Que seja o seu marido esse... Queria que eu descesse ao nível dele?

Quantas horas tenho passado em convívio secreto com a ideia de si! Temo-nos amado tanto, dentro dos meus sonhos? Mas mesmo aí, eu lhe juro, nunca me sonhei possuindo-a. Sou um delicado e um casto mesmo nos meus sonhos. Respeito até a ideia de uma mulher bela.

Eu não saberia nunca como ajeitar a minha alma a levar o meu corpo a possuir o seu. Dentro de mim, mesmo ao pensar nisso tropeço em obstáculos que não vejo, enredo-me em teias que não sei o que são. Que muito mais me não aconteceria se eu quisesse possuí-la realmente?

Que eu - repito-lho - era incapaz de o tentar fazer. Nem sequer me ajeito a sonhar-me fazendo-o.

São estas, minha Senhora, as palavras que tenho a escrever à margem da significação do seu olhar involuntariamente interrogativo. É neste livro que, primeiro, lerá esta carta para si. Se não souber que é para si, resignar-me-ei a que assim seja. Escrevo mais para me entreter do que para lhe dizer qualquer coisa. Só as cartas comerciais são *dirigidas*. Todas as outras devem, pelo menos para o homem superior, ser apenas dele para si próprio.

Nada mais tenho a dizer-lhe. Creia que a admiro tanto quanto posso. Ser-me-ia agradável que pensasse em mim à vezes.

Desapontamento

Era uma linda tarde de abril, domingo.

Mas ainda mais lindo era o pensamento que eu havia de ver a Raquel. Ela costumava passar por ali todos os dias, mas só aos domingos é que eu a podia ver, pois nos dias de semana estava àquela hora na repartição... Mas ia vê-la hoje e só pensar n'isso me alegrava. Todo o homem que ama sabe que não há nada superior ao amor... Mas custa esperar e já tinha decorrido uma hora... duas, três, quatro.... apre que já se ia fazendo tarde! Já era uma *noite* de abril e a modo que se tendia fazer n'um *outro dia* d'abril sem chegar a Raquel. Estava já disposto a me ir embora, mas o amor bradou-me - "espera"... e esperei.

Até que enfim! Oiço passos do outro lado da esquina... apresso-me... corro... volto a esquina e caio nos braços de... um cauteleiro!!! "Ah meu senhor! há só o mil quinhentos e cinquenta e quatro - e amanhã é que anda a ro-oda!"

Desapontamento! Desilusão! Mas para fazer alguma coisa comprei o vigésimo e segui para casa.

No dia seguinte saía-me a sorte grande! Ah! foi a Divina Providência! Sim foi a Providência! Sim foi a Providência que deu aquela *intermitente* à Raquel e me mandou o cauteleiro em seu lugar!! Ah! Deus é bom!

Enganei-me há pouco, meus amigos. Há uma coisa superior ao amor: - É ... a *massa* !!!

O céu de todos os Invernos
Cobre em meu ser todo o Verão...
Vai p'r'ás profundas dos infernos
E deixa em paz meu coração!

Por ti meu pensamento é triste,
Meu sentimento anda estrangeiro;
A tua ideia em mim insiste
Como uma falta de dinheiro.

Não posso dominar meu sonho.
Não te posso obrigar a amar.
Que hei-de fazer? Fico tristonho.
Mas a tristeza há-de acabar.

Bem sei, bem sei... A dor de corno...
Mas não fui eu que lh'o chamei.
Amar-te causa-me transtorno,
Lá que transtorno é que não sei...

Ridículo? É claro. E todos?
Mas a consciência de o ser, fi-la bas-
tante clara deitando-a a rodos
Em cinco quadras de oito sílabas.

Fingir é amar. Não vejo nunca um lindo sorriso ou um olhar significativo que não medite, de repente, e seja de quem for o olhar ou o sorriso, qual é, no fundo da alma em cujo rosto se sorri ou olha, o estadista que nos quer comprar ou a prostituta que quer que a compremos. Mas o estadista que nos compra amou, ao menos, o comprar-nos; e a prostituta, a quem compremos, amou, ao menos, o comprarmo-la. Não fugimos, por mais que queiramos, à fraternidade universal. **Amamo-nos todos uns aos outros,** e a mentira é o beijo que trocamos.

Conselhos às mal-casadas

(As mal-casadas são todas as mulheres casadas, e algumas solteiras.)

Livrai-vos sobretudo de cultivar os sentimentos humanitários. O humanitarismo é uma grosseria. Escrevo a frio, raciocinadamente, pensando em vosso bem-estar, pobres mal-casadas.

A arte toda, toda a libertação, está em submeter o espírito o menos possível, deixando ao corpo, que se submeta à vontade.

Ser imoral não vale a pena, porque diminui aos olhos dos outros a vossa personalidade, ou a banaliza. Ser esposa e mãe corporealmente virginal e dedicada, e ter porém cometido *débauches* inexplicáveis com todos os homens da vizinhança, desde os merceeiros até aos [...] - eis o que maior sabor tem a quem realmente quer gozar e alargar a sua individualidade, sem descer ao método da criada de servir, que, por ser também delas, é baixo, nem cair na honestidade rigorosa da mulher profundamente estúpida, que é decerto tilha do interesse.

Segundo a vossa superioridade, almas femininas que me ledes, sabereis compreender o que escrevo. Todo o prazer é do cérebro; todos os crimes, já se disse, " é nos nossos sonhos que se cometem".

Dou-vos estes conselhos desinteressadamente, aplicando o meu método a um caso que me não interessa. Pessoalmente, os meus sonhos são de Império e glória; não são sensuais de modo algum. Mas quero ser-vos útil, ainda que mais não seja, só para me arreliar, porque detesto o útil. Sou altruísta a meu modo.

Proponho-me ensinar-lhes como trair o seu marido em imaginação.

Acreditem-me: só as criaturas ordinárias traem o marido realmente. O pudor é uma condição *sine qua non* de prazer sexual. O entregar-se a mais de um homem mata o pudor.

Concedo que a inferioridade feminina precisa de macho. Acho que, ao menos, se deve limitar a um macho só, fazendo dele, se disso precisar, centro de um círculo, de raio crescente, de machos imaginados.

A melhor ocasião para fazer isso é nos dias que antecedem os da menstruação.

Assim:

Imaginam o seu marido mais branco de corpo. Se imaginam bem, senti-lo-ão mais branco sobre si.

Retenham todo o gesto de sensualidade excessiva. Beijem o marido que lhes estiver em cima do corpo, e mudem com a imaginação o homem para olhar o belo que lhes estiver em cima da alma.

A essência do prazer é o desdobramento. Abram a porta da janela ao Felino em vós.

Como *tracasser* o marido.
  Importa que o marido às vezes se zangue.
  O essencial é começar a sentir a atracção pelas coisas que repugnam, não perdendo a disciplina exterior.
  A substituição não é tão difícil como julgam. Chamo substituição à prática que consiste em imaginar-se a gozar com um homem A quando se está copulando com um homem B.

Minhas queridas discípulas, desejo-lhes, com um fiel cumprimento dos meus conselhos, inúmeras e desdobradas volúpias não com o, mas *através do*, animal macho a que a Igreja ou o Estado as tiver atado pelo ventre e pelo apelido.
  É fincando os pés no solo que a ave desprende o voo. Que esta imagem, minhas filhas, vos seja a perpétua lembrança do único mandamento espiritual.
  Ser uma cocote, cheia de todos os modos de vícios, sem trair o marido, nem sequer com um olhar — a volúpia disto, se souberdes consegui-lo.
  Ser cocotte *para dentro*, trair o marido *para dentro*, está-lo traindo nos abraços que lhe dais, não ser para ele o sentido do beijo que lhe dais — oh mulheres superiores, ó minhas misteriosas Cerebrais — a volúpia é isso.
  Por que não aconselho eu isto aos homens também? Porque o homem é outra espécie de ente. Se é inferior, recomendo-lhe que use de quantas mulheres puder: faça isso e sirva-se do meu desprezo quando [...]. E o homem superior não tem necessidade de mulher nenhuma. Não precisa de posse sexual para a sua volúpia. Ora a mulher, mesmo superior, não aceita isto: a mulher é essencialmente sexual.

Bibliografia

Aforismos e Afins, org. Richard Zenith, trad. Manuela Rocha (Lisboa: Assírio & Alvim, 2003).

Alberto Caeiro: Poesia, org. Fernando Cabral Martins e Richard Zenith (Lisboa: Assírio & Alvim, 2001).

Álvaro de Campos: Livro de Versos, Edição crítica, org. Teresa Rita Lopes (Lisboa: Estampa, 1993).

Cartas de Amor a Ophélia Queiroz, org. David Mourão-Ferreira (Lisboa: Ática, 2009).

Citações e Pensamentos de Fernando Pessoa, org. Paulo Neves da Silva (Lisboa: Casa das Letras, 2010).

Correspondência 1923-1935, org. Manuela Parreira da Silva (Lisboa: Assírio & Alvim, 1999).

Escritos Autobiográficos, Automáticos e e Reflexão Pessoal, org. Richard Zenith, (Lisboa: Assírio & Alvim, 2003).

Fausto: Tragédia Subjectiva, org. Teresa Sobral Cunha (Lisboa: Presença, 1988).

Ficção e Teatro, org. António Quadros (Mem Martins: Europa-América, 1986).

Heróstrato e a Busca da Imortalidade, org. Richard Zenith, trad. Manuela Rocha (Lisboa: Assírio & Alvim, 2000).

Livro do Desassossego de Bernardo Soares, org. Richard Zenith (1982; 9ª ed. Lisboa: Assírio & Alvim, 2011).

Páginas Íntimas e de Auto-Interpretação, org. Georg Rudolf Lind e Jacinto do Prado Coelho (Lisboa: Ática, 1966).

Pessoa Inédito, org. Teresa Rita Lopes (Lisboa: Livros Horizonte, 1993) .

Pessoa por Conhecer II: Textos para um Novo Mapa, org. Teresa Rita Lopes (Lisboa: Estampa, 1990).

Poemas Completos de Alberto Caeiro, org. Teresa Sobral Cunha (Lisboa: Presença, 1994).

Poemas Completos de Alberto Caeiro, org. Teresa Sobral Cunha (Lisboa: Presença, 1994).

Poemas Completos de Alberto Caeiro, org. Teresa Sobral Cunha (Lisboa: Presença, 1994).

Poesia 1902-1917, org. Manuela Parreira da Silva, Ana Maria Freitas e Madalena Dine (Lisboa: Assírio & Alvim, 2005).

Poesia 1918-1930, org. Manuela Parreira da Silva, Ana Maria Freitas e Madalena Dine (Lisboa: Assírio & Alvim, 2005).

Poesia 1931-1935 e Não Datada, org. Manuela Parreira da Silva, Ana Maria Freitas e Madalena Dine (Lisboa: Assírio & Alvim, 2006).

Poesia Inglesa, org. e trad. Luísa Freire, 2 vols (Lisboa: Assírio & Alvim, 2000).

Poesias Inéditas (1930-1935), org. Vitorino Nemésio e Jorge
    Nemésio (1955; Lisboa: Ática, 1990).
Quadras ao Gosto Popular, org. Georg Rudolf Lind e Jacinto do
    Prado Coelho (1965; Lisboa: Ática, 1973).
Ricardo Reis: Poesia, org. Manuela Parreira da Silva (Lisboa:
    Assírio & Alvim, 2000).
Textos de Crítica e de Intervenção (Lisboa: Ática, 1980).

Notas

Estas notas identificam a atribuição de cada texto e a sua data de composição ou publicação (quando são conhecidas), juntamente com a edição de onde foi retirada.

Pág.   Atribuição, data, edição e página.

5 Pantaleão, *Citações e Pensamentos*, p. 15.

6 Pantaleão, *Citações e Pensamentos*, p. 15.

7 Ricardo Reis, "Não queiras, Lídia, edificar no 'spaço", 1914, *Ricardo Reis: Poesia*, p. 22.

8 Alberto Caeiro, "Está alta no céu a lua e é primavera", *O Pastor Amoroso*, *Alberto Caeiro: Poesia*, p. 92.

9 Bernardo Soares, "O Rio da Posse", *Livro do Desassossego*, p. 472.

10 Bernardo Soares, *Livro do Desassossego*, p. 85.

11 Bernardo Soares, *Livro do Desassossego*, p. 305.

12-13 Maria, *Fausto: Tragédia Subjectiva*, p. 99.

14 Álvaro de Campos, "Ambiente", 1927, *Textos de Crítica e de Intervenção*, p. 263.

15 Álvaro de Campos, 13-12-1914, *Álvaro de Campos: Livro de Versos*, p. 14.

16 Pantaleão, *Aforismos e Afins*, p. 51.

17 Fernando Pessoa, "Intervalo", 08-04-1935, *Poesia 1931-1935 e Não Datada*, p. 385.

18 Fernando Pessoa, "A criança que ri na rua", 04-10-1934, *Poesias Inéditas (1930- 1935)*, p. 173.

19 Fernando Pessoa, "À minha querida mamã", 26-7-1895, in João Gaspar Simões, *Vida e Obra de Fernando Pessoa - História de uma Geração* (Lisboa: Bertrand, 1951), p. 55.

20 Bernardo Soares, *Livro do Desassossego*, p. 121.

21 Fernando Pessoa, "Avé-Maria", 12-04-1902, *Poesia 1902-1917*, pp. 15-16.

22 Fernando Pessoa, "Sá Carneiro", 1934-1935, *Poesia 1931-1935 e Não Datada*, pp. 371-372.

23 Álvaro de Campos, "Sim, sou eu, eu mesmo, tal qual resultei de tudo", 06-08- 1931, *Álvaro de Campos: Livro de Versos*, p. 298.

24-25 Fernando Pessoa, 1924, *Textos de Crítica e de Intervenção*, p. 149.

26 Fernando Pessoa, "Sá Carneiro", 1934-1935, *Poesia 1931-1935 e Não Datada*, pp. 370-71.

27 Álvaro de Campos, "Penso em ti no silêncio da noite, quando tudo é nada", posterior a 15-03-1933, *Álvaro de Campos: Livro de Versos*, p. 318.

28 Álvaro de Campos, "Notas para a recordação do meu mestre Caeiro (algumas delas)", 1931, *Textos de Crítica e de Intervenção*, p. 267.

29 Álvaro de Campos, "Mestre, meu mestre querido!", *Álvaro de Campos: Livro de Versos*, p. 246.

30 Fernando Pessoa "Diálogo no Jardim do Palácio", 1913, *Ficção e Teatro*, p. 209.

31 Ricardo Reis, "Vem sentar-te comigo, Lídia, à beira do rio", *Ricardo Reis - Poesia*, p. 33.

32 Bernardo Soares, *Livro do Desassossego*, p. 236.

33 Alberto Caeiro, "O amor é uma companhia", *O Pastor Amoroso, Alberto Caeiro: Poesia*, p. 95.

34 Bernardo Soares, *Livro do Desassossego*, p. 477.

35 Salomé, *Salomé, Ficção e Teatro*, p. 215.

36 Bernardo Soares, "O Rio da Posse", *Livro do Desassossego*, p. 472.

37 Bernardo Soares, *Livro do Desassossego*, p. 281.

38 Alberto Caeiro, "Quando eu não te tinha", *O Pastor Amoroso*, I, *Alberto Caeiro: Poesia*, p. 91.

39 Bernardo Soares, *Livro do Desassossego*, p. 352.

40 Bernardo Soares, "Marcha fúnebre para o Rei Luís Segundo da Baviera", *Livro do Desassossego*, p. 450.

41 Bernardo Soares, *Livro do Desassossego*, p. 451-52.

42 Alberto Caeiro, 23-7-1930, "Agora que sinto amor", *O Pastor Amoroso*, III, *Alberto Caeiro: Poesia*, p. 93 .

43 Bernardo Soares, "Na Floresta do Alheamento", *Livro do Desassossego*, pp. 458, 461.

44 Bernardo Soares, *Livro do Desassossego*, p. 298.

45 Bernardo Soares, "O Rio da Posse", *Livro do Desassossego*, p. 472.

46 Bernardo Soares, *Livro do Desassossego*, p. 310.

47 Fernando Pessoa, "Fiquei doido, fiquei tonto...", 1920, *Poesia 1918-1930*, pp. 140-41.

48 Fernando Pessoa, *Aforismos e Afins*, p. 45.

49 Fernando Pessoa, 05-04-1920, *Cartas de Amor a Ophélia Queiroz*, pp. 59-60.

50 Bernardo Soares, *Livro do Desassossego*, p. 465.

51 Fernando Pessoa, 31-05-1920, *Cartas de Amor a Ophélia Queiroz*, p. 75.

52 Alberto Caeiro, "Num meio-dia de fim de primavera", *O Guardador de Rebanhos*, VIII, *Alberto Caeiro: Poesia*, p. 41.

53 Álvaro de Campos, carta a Ofélia Queirós, 25-09-1929, *Cartas de Amor a Ophélia Queiroz*, pp. 97-100.

54 Fernando Pessoa, 09-10-1929, *Cartas de Amor a Ophélia Queiroz*, pp. 105-06.

55 Fernando Pessoa, 09-10-1929, *Cartas de Amor a Ophélia Queiroz*, pp. 105-06.

56 Álvaro de Campos, "Todas as cartas de amor são", *Álvaro de Campos: Livro de Versos*, p. 355-56.

57 Fernando Pessoa, *Aforismos e Afins*, p. 22.

58-60 Maria José, "Carta da Corcunda ao Serralheiro", *Pessoa Por Conhecer*, pp. 256-58.

61 Bernardo Soares, *Livro do Desassossego*, p. 141.

62 Fernando Pessoa, *Escritos Autobiográficos, Automáticos e e Reflexão Pessoal*, p. 311.

63 Alberto Caeiro, "Todos os dias agora acordo com alegria e pena", *O Pastor Amoroso*, IV, *Alberto Caeiro: Poesia*, p. 94.

64 Bernardo Soares, *Livro do Desassossego*, p. 96.

65 Ricardo Reis, "Não sei se é amor que tens, ou amor que finges", *Ricardo Reis: Poesia*, pp. 118-19.

66 Fernando Pessoa, "Porque o olhar de quem não merece", 15-02-1920, *Poesia 1918-1930*, p. 108.

67 Bernardo Soares, *Livro do Desassossego*, p. 386.

68 Bernardo Soares, *Livro do Desassossego*, p. 177.

69 Álvaro de Campos, "Olha, Daisy, quando eu morrer tu has-de", *Álvaro de Campos: Livro de Versos*, p. 69.

70 Príncipe, *A Morte do Príncipe, Ficção e Teatro*, p. 223.

71 Alberto Caeiro, "Talvez quem vê bem não sirva para sentir", *O Pastor Amoroso*, VII, *Alberto Caeiro: Poesia*, p. 97.

72 Fernando Pessoa, *Aforismos e Afins*, p. 14.

73 Álvaro de Campos, "Acaso", 27-03-1929, *Álvaro de Campos: Livro de Versos*, pp. 260-61.

74 Bernardo Soares, *Livro do Desassossego*, p. 332.

75 Bernardo Soares, *Livro do Desassossego*, p. 338-39.

76 Fernando Pessoa, "Onde pus a esperança, as rosas", 16-2-1920, *Poesia 1918-1930*, pp. 109-10 .

77 Bernardo Soares, *Livro do Desassossego*, p. 85.

78 Ricardo Reis, "Quer pouco: terás tudo", 01-11-1930, *Ricardo Reis: Poesia*, p. 119.

79 Ricardo Reis, "A folha insciente, antes que a própria morra", 27-10-1923, *Ricardo Reis: Poesia*, p. 182.

80 Fernando Pessoa, *Heróstrato*, p. 6.

81 Bernardo Soares, *Livro do Desassossego*, pp. 322-23.

82 Ricardo Reis, "Sofro, Lídia, do medo do destino", 26-05-1917, *Ricardo Reis: Poesia*, pp. 69-70.

83 Álvaro de Campos, "Tabacaria", 15-01-1928, *Álvaro de Campos: Livro de Versos*, p. 237.

84 Fernando Pessoa, "Como a noite é longa!", 04-11-1914, *Poesias 1902-1917*, pp. 247-48.

85 Bernardo Soares, "Carta", *Livro do Desassossego*, p. 426.

86 Fernando Pessoa, "A vida é pouco aos bocados", *Quadras ao Gosto Popular*, p. 58.

87 Álvaro de Campos, "Ah, como outrora era outra a que eu não tinha!", *Álvaro de Campos: Livro de Versos*, p. 311.

88 Pantaleão, *Citações e Pensamentos de Fernando Pessoa*, p. 15.

89 Alberto Caeiro, "Se eu morrer novo", *Poemas Inconjuntos*, p. 108.

90 Álvaro de Campos, "Ah, Um Soneto...", 12-10-1931, *Álvaro de Campos: Livro de Versos*, p. 300.

91 Álvaro de Campos, "Quando nos iremos, ah quando iremos de aqui", 28-10-1924, *Álvaro de Campos: Livro de Versos*, p. 220.

92 Fernando Pessoa, "Adeus...", 08-1902, *Poesia 1902-1917*, p. 19.

93 Alberto Caeiro, "Passei toda a noite, sem saber dormir, vendo sem espaço a figura dela", *O Pastor Amoroso*, VI, p. 96.

94 Ricardo Reis, "Já sobre a fronte vã se me acinzenta", 13-06-1926, *Ricardo Reis: Poesia*, p. 95.

95 Álvaro de Campos, "Passagem das Horas", 22/05/1916, *Álvaro de Campos: Livro de Versos*, p. 166.

96 Álvaro de Campos, "Dobrada à Moda do Porto", *Álvaro de Campos: Livro de Versos*, p. 333.

97 Bernardo Soares, *Livro do Desassossego*, p. 270.

98 Bernardo Soares, *Livro do Desassossego*, p. 87.

99 Fernando Pessoa, "Dá a surpresa de ser", 10-09-1930, *Poesia 1918-1930*, pp. 399-400.

100 Bernardo Soares, "O Rio da Posse", *Livro do Desassossego*, p. 472.

101 Álvaro de Campos, "Ode Triunfal", 03-1915, *Álvaro de Campos: Livro de Versos*, pp. 90-91.

102 Bernardo Soares, *Livro do Desassossego*, p. 322.

103 Fernando Pessoa, "Psicologia feminina do amor", *Pessoa Inédito*, p. 131.

104 Álvaro de Campos, "Ode Marítima", 07-1915, *Álvaro de Campos: Livro de Versos*, p. 115.

105 Bernardo Soares, *Livro do Desassossego*, p. 383.

106 Fernando Pessoa, "Epithalâmio", XIV, 1913, *Poesia Inglesa*, I, p. 97.

107 Bernardo Soares, *Livro do Desassossego*, p. 274.

108 Fernando Pessoa, "Não: não digas nada!", 05-02-1931, *Poesia 1931-1935 e Não Datada*, pp. 17-18.

109 Bernardo Soares, *Livro do Desassossego*, p. 283.

110-11 Fernando Pessoa, "Antínoo", *Poemas Ingleses*, vol. I, pp. 111, 123.

112 Ricardo Reis, "Aqui, dizeis, na cova a que me abeiro", 06-07-1927, *Ricardo Reis: Poesia*, pp. 102-03 .

113 Fernando Pessoa, carta a João Gaspar Simões, 18-11-1930, *Correspondência 1923-1935* pp. 219-20.

114 Ricardo Reis, "Eu nunca fui dos que a um sexo o outro", *Ricardo Reis: Poesia*, p. 143.

115 Bernardo Soares, *Livro do Desassossego*, p. 273.

116 Fernando Pessoa, "Prefácio", com a nota: "Aproveitar para Shakespeare", *Páginas Íntimas e de Auto-Interpretação*, p. 27.

117 Bernardo Soares, "Maneira de Bem Sonhar nos Metafísicos", *Livro do Desassossego*, p. 446.

118 Álvaro de Campos, "Passagem das Horas", 22-05-1916, *Álvaro de Campos: Livro de Versos*, p. 168.

119 Bernardo Soares, "Declaração de Diferença", *Livro do Desassossego*, p. 433.

120 Álvaro de Campos, "Saudação a Walt Whitman", 11-06-1915, *Álvaro de Campos: Livro de Versos*, p. 24.

121 Álvaro de Campos, *Pessoa Por Conhecer*, p. 479.

122 Álvaro de Campos, *Pessoa Por Conhecer*, p. 474.

123 Fernando Pessoa, "O amor é que é essencial", *Poesias 1931-1935 e Não Datadas*, p. 384 .

124 Bernardo Soares, *Livro do Desassossego*, p. 177.

125 Álvaro de Campos, *Poemas Completos de Alberto Caeiro*, p. 174.

126 Bernardo Soares, *Livro do Desassossego*, p. 140.

127 Maria e Fausto, *Fausto: Tragédia Subjectiva*, p. 107.

128 Espíritos astrais, *Escritos Autobiográficos, Automáticos e e Reflexão Pessoal*, pp. 213-27.

129 Ricardo Reis, "O que sentimos, não o que é sentido", 08-07-1930, *Ricardo Reis: Poesia*, p. 117.

130 Álvaro de Campos, "Meu pobre amigo, não tenho compaixão que te dar", 09- 07-1930, *Álvaro de Campos: Livro de Versos*, p. 133.

131 Alberto Caeiro, "Ah, querem uma luz melhor que a do sol!", *Poemas Inconjuntos*, *Alberto Caeiro: Poesia*, p. 154.

132 Bernardo Soares, "Conselhos às Mal-Casadas", *Livro do*

Desassossego, p. 429.

133 Álvaro de Campos, "Tabacaria", 15-01-1928, *Álvaro de Campos: Livro de Versos*, p. 239.

134-35 Álvaro de Campos, "A rapariga inglesa, uma loura, tão jovem, tão boa", 29-06-1930, *Álvaro de Campos: Livro de Versos*, pp. 282-83.

136 Bernardo Soares, "O Rio da Posse", *Livro do Desassossego*, p. 471.

137 Fernando Pessoa, *Pessoa Inédito*, p. 132.

138 Bernardo Soares, "O Rio da Posse", *Livro do Desassossego*, p. 472.

139 Bernardo Soares, *Livro do Desassossego*, p. 236-37.

140 Bernardo Soares, *Livro do Desassossego*, p. 98.

141 Álvaro de Campos, "Lisbon Revisited (1923)", 02-1923, *Álvaro de Campos: Livro de Versos*, p. 210.

142 Ricardo Reis, "Ninguém a outro ama, senão que ama", 10-08-1932, *Ricardo Reis: Poesia*, p. 127.

143 Bernardo Soares, *Livro do Desassossego*, p. 256.

144 Bernardo Soares, *Livro do Desassossego*, p. 363.

145 Bernardo Soares, "Máximas", *Livro do Desassossego*, p. 454.

146 Bernardo Soares, *Livro do Desassossego*, pp. 139-40.

147 Bernardo Soares, "Educação Sentimental", *Livro do Desassossego*, p. 438.

148 Bernardo Soares, "Glorificação das Estéreis", *Livro do Desassossego*, p. 322.

149-50 Bernardo Soares, "Uma Carta", *Livro do Desassossego*, p. 482-84.

151 Dr. Pancrácio, 22-3-1902, "Desapontamento", *Pessoa Por Conhecer*, p. 112.

152 Fernando Pessoa, "O céu de todos os Invernos", *Poesias Inéditas (1919- 1930)*, p. 116.

153 Bernardo Soares, *Livro do Desassossego*, p. 262.

154-155 Bernardo Soares, "Conselhos às Mal-Casadas", *Livro do Desassossego*, pp. 429-31.

www.ingramcontent.com/pod-product-compliance
Lightning Source LLC
Chambersburg PA
CBHW020247130626
46549CB00005B/2100

* 9 7 8 1 9 1 0 8 5 8 1 2 7 *